JN214190

はじめに

博報堂が教える「門外不出」のECマーケティング本

　本書は、博報堂DYグループのEC専門組織「HAKUHODO EC+」が長年にわたり各企業の支援の中で培ってきた「ECを中心とした事業設計のコツ」を、様々な事例を基に紐解いていくマーケティング本です。各企業のマーケティング、EC領域のご担当者はもちろん、様々な角度から「モノ」の売り買いに関わる全ての方に読んでいただけるような内容になっています。

　ECとは何か？ 各領域はどうなっているか？ など、ECにまつわる歴史や基本的な各領域の知識はもちろん、具体的に今の事業設計に重要な様々なコツを皆さまにお伝えできるかな、と思っています。

　前半の章では日本におけるECビジネスの概観と考え方、後半は具体的な各領域の説明とテクニックを紹介しています。

　「難しい」と思われがちなECの領域ですが、初めて関わる方にもわかりやすくお伝えできるようにメンバー一同執筆いたしましたので、皆さまにも気負わずに読んでいただければ幸いです。

「EC」とは何か？

　1990年代に誕生し、平成・令和の時代を生きる我々現代人の生活に欠くことのできない存在となっているEC（E-Commerce）。当初は技術的な制約や信頼性の問題がありましたが、ITやその他の分野のテクノロジーの進化とともにその省力性・利便性が急速に向上し、「いつでもどこでも欲しいものがその場で買える」という究極の便利なサービスとして定着しました。

　コロナ禍を経てECの利用は急速に拡大し、これまでリアルで買っていたものも当たり前にECで購入するようになり、老若男女を問わず多くの人々が日常的にECを利用するようになりました。

　聞いたことがない、なんて言う人はもう日本にはいないのではないかと思えるほど当たり前の言葉になっているECですが、経済産業省によると、ECと

は、「『コンピューターネットワークシステム』を介して商取引が行われ、かつ、その成約金額が捕捉されるもの」」を指します*。

また、「誰と誰の商取引なのか?」や「どんな商品の取引なのか?」によっても、ECの在り方は区分されています。例えば、企業が自社の製品を消費者に販売するBtoC（ビジネス・トゥ・コンシューマー）型や、企業間で取引を行うBtoB（ビジネス・トゥ・ビジネス）型、消費者同士が取引を行うCtoC（コンシューマー・トゥ・コンシューマー）型などの形態が存在します。

本書では、多種多様な電子商取引の中でも、①企業と個人との間、かつ、②物品（モノ）を扱う電子商取引（物販系分野のBtoC-EC）のことを「EC」と定義して話を進めていきます。

博報堂のECビジネス支援と「生活者発想」

我々博報堂DYグループは、生活者の行動がデジタルシフトし続ける中でEC領域の重要性に着目し、2021年にグループ横断で得意先各社のECビジネスを支援する組織として「HAKUHODO EC+」を立ち上げました。本書の執筆メンバーは、EC+の各領域のスペシャリストたちで構成されています。

コマース領域は急速に進化しており、企業が競争力を維持するためには、著しく移り変わるECの進化にいち早くキャッチアップし、最先端の戦略と施策を展開することが求められます。

「ECに、新たな可能性をプラスする。」をスローガンに掲げるHAKUHODO EC+は、中長期の事業計画やPL作成も含む「戦略」の領域からECサイトの立ち上げ、物流やコールセンター整備などの「実装」、日々のデジタル広告やメール、SNSのPDCAなどの「運用」までをワンストップでサポートすることで、毎年およそ300もの企業の事業支援を行っています。

その支援の中で大事にしているキーワードが、博報堂が長年培ってきたフィロソフィーである「生活者発想」です。本書でも、たびたび当たり前のよ

---

*出典：経済産業省「令和5年度電子商取引に関する市場調査 報告書」
 https://www.meti.go.jp/press/2024/09/20240925001/20240925001-1.pdf

うに「生活者」という言葉が出てきます。あまり聞き馴染みのない方もいらっしゃるかもしれません。

　私たち博報堂は広告会社です。広告を通じて人々を動かし、企業のマーケティング活動を支援するのが仕事です。その「人々」を視点としてどう捉えるべきか。博報堂ではいわゆる「消費者」ではなく「生活者」と呼んでいます。例えば、「消費者」はモノやカネを消費する、という限定的な視点で人間を捉えています。同じく「利用者」や「ユーザー」も、ある一部の視点にフォーカスを当てた捉え方にすぎません。

　生活者発想とは、人々を単なる「消費者」としてではなく「生活者」として捉え、生活全体を重視し、その中でどのようにして企業のサービスや商品が生活者に体験価値を提供できるかを考える視点です。

　これにより、企業はより成功確率の高いマーケティング施策を実行でき、生活者との長期的な関係構築を目指すことができるのです。

本書でお伝えしたいこと

　本書を執筆することになったきっかけは、ECビジネスが急速に進化する中で、その成功を支えるための新しい視点やメソッドを提供したいという思いからです。

　特にコロナ禍が明けた今、消費者の行動がオフラインの店舗へと回帰する一方で、ECの需要も伸び続けていることに着目しています。

　生活者はオンライン／オフラインを意識せずにあらゆる接点で購入ができるようになり、いつでもどこでも意識せずに購買行動が起こせる「Commerce Anywhere」の時代になってきています。だからこそ、ECは生活者目線で在り方を考えていく必要が出てきています。

　もともとECは、マーケティングファネルの一つの「出口」である購買チャネルをデジタル化したものでした。しかしこの数年で、ECの役割は大きく拡大しています。単にオンラインでモノを売るチャネルではなく、生活者とつながる「起点」になっている。そう考えることが可能だと思います。

　従来のマーケティングファネルでは、認知、理解、購入意向、購入、CRMという流れで生活者の動きを捉えていました。しかし最近では、「認知した

瞬間に購入する」といった行動が生まれている一方、「購入した瞬間に長期的関係が成立する」サブスクリプションのようなモデルも一般的になっています。いわばファネルのあらゆる段階がコマースの場となっているということです。これは、ブランディングと購買行動が瞬時につながることも意味します。

つまり、ECは生活者と企業がつながる「入り口」であり、ブランディングの「起点」にもなりうるということです。それが「EC＋」の「＋」の意味であり、私たちのような広告会社がECビジネスに取り組む意義もそこにあると考えています。

本書は、EC事業を既に展開されている、または、これから本格的に始めようとしている企業のECビジネスの責任者やマーケティング責任者、あるいは企業の経営者にこそ読んでいただくことを想定しています。

本書はECビジネスを単なる販売チャネルの一つとして捉えるのではなく、**企業の事業戦略の中で重要な役割を果たす存在と大きく捉え直し、それを成功に導く＝事業変革につなげるための方法論を提供します。**

ECビジネスを起点とした事業変革が単なる販売チャネルではなく、企業の全体戦略の中でいかに重要な役割を果たすかを理解し、それを成功に導くための方法論を提供します。

また、本書では、ECビジネスをマーケティング全体の一部として捉え、事業成長を目指すためのアプローチを紹介しています。

博報堂式のメソッドや、ECビジネスの進化に合わせた最新のプラニングメソッドを具体的に解説し、実際のケーススタディも交えながら、陥りがちな失敗例を紐解きつつ、実践的な形で説明していきます。

オンライン上のマーケティング活動であるECでは、多種多様なデータが取得可能になります。その取得の仕方や扱い方をきちんと設計することが、事業全体を成功へと導く近道となります。

企業がどのようにしてECを活用しデータを駆使し、事業を拡大していくか、そのノウハウが詰まった一冊となっています。

本書が、企業の皆さまの明日から始まるECビジネス成功の新たな第一歩となることを切に願っています。

2025年2月　執筆陣一同

目次

第 1 部 博報堂が解き明かすECに失敗する理由、成功するための問い

第1章
EC事業がうまくいかない五つの理由

第4章
Q.1 あるべきチャネルの使い分けって？

第5章
Q.2 マーケティング視点で、
フルフィルメントをどう設計する？

第6章
Q.3 KGI・KPIはどうやって設計する?

第3部　生活者視点の戦術立案

第7章
Q.4 ECで買いたくなる
情報の「タッチポイント」って?

第8章

Q.5 もう一度物を買いたくなるための仕掛けって？

第9章
Q.6 長くファンでいたくなるツボって？

第10章
「六つの問い」を使ってECビジネスを推進しよう

付属データのご案内

　第4章～第9章に掲載している各「問い」のフレームワーク（PowerPoint のファイル）は、以下のサイトからダウンロードして入手いただけます。

https://www.shoeisha.co.jp/book/download/9784798187808
※付属データのファイルは圧縮されています。解凍してからご利用ください。

第1章

EC事業がうまくいかない
五つの理由

ECビジネスの成功確率はこの数年下がってきています。その理由は、日本におけるECが「第四世代」と呼ばれる時期に突入していることによるものです。この章では、筆者が長年のEC経験で目にしてきたECビジネスが失敗する五つの理由を取り上げていきます。

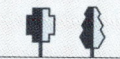

1.1

ＥＣは「魔法のハコ」ではない

ＥＣにまつわるよくある「誤解」

「ECを始めれば、売上が伸びますもんね?」

「利益をさらに積み増すために、ECを始めたいのですが」

こうした問いを私たちは仕事柄、様々なメーカーを中心とした企業からいただきます。しかし残念ながら、「はい! ECをやれば絶対に売上が上がります!」とは即答できません。

「始めればうまくいく」「進出すれば売れる」そう思われていたECチャネルは、この数年、生活者ニーズの多様化と今までのECマーケティングの勝ち筋が通用しなくなったことにより、非常に複雑で、特別な対策が必要なマーケティングチャネルになっています。ECは、始めれば誰でもうまくいく「魔法のハコ」ではなく、きちんと対策することが必要不可欠です。

この章では、「日本のEC化がどのように進展してきたか」を見ながら、よくある「失敗するECビジネス」を掘り下げ、どうすれば成功の確率を少しでも上げられるか、一緒に解像度を上げていきましょう。

日本においてＥＣはどのように発展してきたか?

2023年の日本のEC市場(本書の対象である物販系分野のBtoC-EC市場)規模は146.760億円(14兆6.760億円)、EC化率は9.38%と、この10年で2倍以上に成長しています(図1.1.1)。ただし、その成長スピードや生活者からの受け入れられ方は、時期によって特徴が異なります。ここでは時期を四つに分けて、日本のEC化の進展を説明していきます。

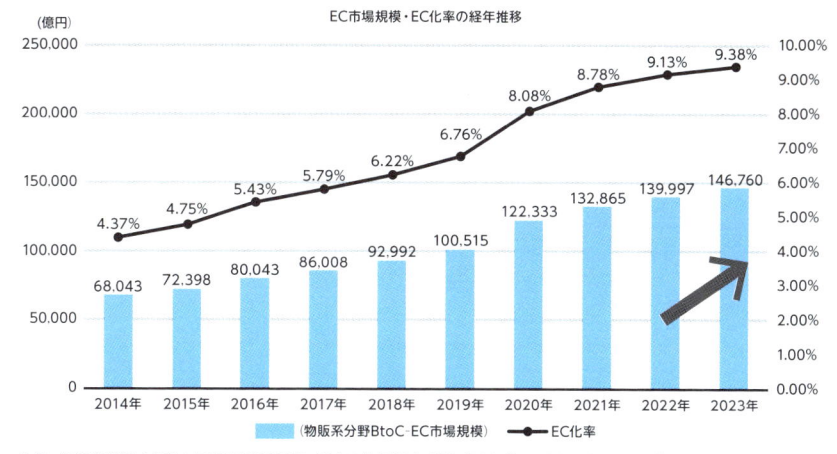

出典：経済産業省「令和5年度電子商取引に関する市場調査 報告書」を基にHAKUHODO EC+作成
https://www.meti.go.jp/press/2024/09/20240925001/20240925001-1.pdf

図1.1.1 物販系分野のBtoC-EC市場規模及びEC化率の経年推移

EC黎明期〜通販ビジネスの1チャネルとしてのEC〜

　1990年代後半以降、日本では楽天市場やAmazonといったモール型ECのサービス提供開始を皮切りに、自社ECサイトも含めたECビジネスが発展してきました。

　とりわけ、黎明期においてECは、サプリメントや化粧品などの通販ビジネスの補完チャネルとしての役割を果たしました。折込広告や新聞広告などで認知を取り、コールセンターに誘導して受注する通販ビジネスは、コールセンターの人材確保が課題でした（図1.1.2）。24時間自動で受注できるECチャネルは、こうした通販ビジネスにおいて**受注するためのサブチャネル**として活用されていきました。

EC黎明期

図1.1.2　EC黎明期のECの役割

EC発展期〜デジタル化の進展とECモールの伸長〜

　2010年代に入るとスマートフォンの普及率が上昇し、人々はいつでもデジタル空間にアクセスできるようになりました。これにより、パソコンの前に限られていたオンラインショッピングが「いつでも、どこでも」可能なものになり、ECチャネルは広いターゲットに、様々なシーンで使われるようになっていきました。

　この時期、日本で大きく伸びたのが、Amazonと楽天市場の二つのプラットフォームです。この時期においては、各ECプラットフォームで適切な販促（ページの作りこみ、広告メニュー活用など）を行うだけで、事業者は大きく売上を伸ばすことができました。

　そのため、通常のメーカー各社はこうしたECプラットフォームに、直接ないしは卸業者を通じて商品を卸すことで、**従来のオフラインチャネルと並行して売上を立てるための販売チャネル**としてECを活用してきました。その反面、「自社でECサイトを持ち、そこで積極的に販促を行っていく」という動きはまだ鈍く、ECは「販売チャネルの一つ」という印象をなかなか超えられませんでした（図1.1.3）。

EC発展期

オフライン　　　ECモールA　　　ECモールB

販売チャネルの一つとしてのEC

図1.1.3　EC発展期のECの役割

EC加速期〜パンデミックで爆発的に使われるようになったEC〜

　2020年。緩やかに成長してきた日本のEC市場に転機が訪れます。新型コロナウイルスの流行に伴う生活様式の変容（巣ごもり需要の増加など）に伴い、今までECを活用してこなかった生活者も初めてECを利用し、その利便性に気付き始めました。

　2022年に行った弊社調査では、健康食品・飲料といったカテゴリで生活者の67.6%がオンライン購買を選択しているなど、ECチャネルがオフラインチャネルより存在感を発揮する領域も増えてきました（**図1.1.4**）。

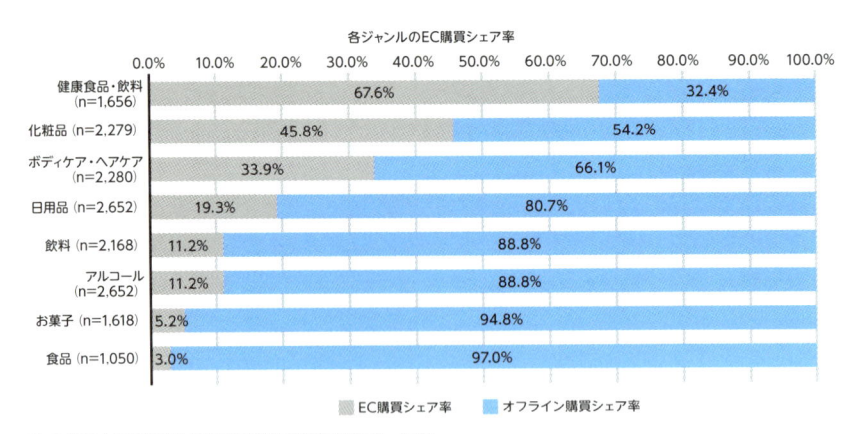

各ジャンルのEC購買シェア率

N＝5,000（EC利用者とEC非利用者を含むWebモニター全体）
※10代の調査対象者は僅少なため、除外
※各ジャンルの全ルート（EC＋オフライン）での購入金額総計を100%とする
出典：HAKUHODO EC+「EC生活者調査」2022年6月より
　　　https://www.hakuhodo.co.jp/news/newsrelease/98196/

図1.1.4　各ジャンルのEC購買シェア率

　こうした生活者のECシフトに対して、メーカー各社は「EC活用強化」を急激に進めます。ECモールでの販促強化はもちろん、自分たちで自社ECサイトを持ち、直接生活者とつながろうとする動きが出てきました。ちょうどこの時期、欧米で流行していた「D2C（Direct to Consumer）」や「DNVB（Digitally Native Vertical Brand）」と呼ばれる事業やブランドの作り方が、広く日本でも受け入れられるようになりました。大手メーカーを中心に「D2Cブランド」を新規に立ち上げ、自社ECサイトで販売する流れが出てきたのがこの頃です。

　こうしたD2Cブームもあり、メーカー各社は直接入手した生活者の声を事業改善に活かしたり、デジタル広告やSNSの反応を基に高速でPDCAを回す手法を取り入れるなど、ECを軸にしたマーケティング活動へのチャレンジを進めていきました。

　このように、パンデミックの影響でECチャネルが販路の一つとしての役割を超え、ブランドづくりに結びつく「マーケティング」チャネルとして使われるようになったのがこの時期の特徴です（図1.1.5）。

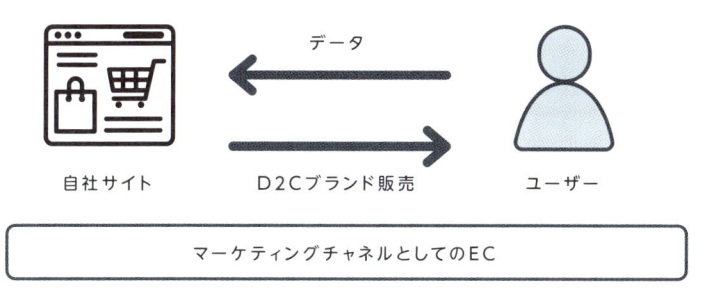

EC加速期

データ

自社サイト　　D2Cブランド販売　　ユーザー

マーケティングチャネルとしてのEC

図1.1.5　EC加速期のECの役割

EC変革期〜OMOでの設計が求められる「イマ」〜

　では本書執筆時点で、日本におけるECはどうなっているのでしょうか?

　新型コロナウイルスの流行が落ち着き、人々の行動制限が解かれると、商品を実際に見て、触ることのできるオフラインの価値が見直されてきています。

　その結果、パンデミック禍においては「外に出られないから」という理由によりオンラインで売れていた商品も、「どちらのチャネルで買ったほうがいいか?」を生活者が主体的に判断し、商品ごとに使い分けるようになっています。「価格」「手に入るまでのスピード」はもちろん、「家への持ち帰りの容易さ」「お試しのしやすさ」など様々な基準を複合的に判断しています。

　このようにパンデミック禍でオンライン購買を経験した多くの生活者たちが、オンラインとオフラインを横並びで判断する「チャネル・リテラシー」が飛躍的に向上し、事業者各社はそれに対する「理解」が求められています。

　そんな中、パンデミック禍で「とりあえずECだ!」と見切り発車してしまったいくつもの事業やブランドが、「オンラインで買ってもらう価値」を生活者に伝えられないことで顧客離脱を招き、撤退や事業縮小を余儀なくされています。

　パンデミック禍で「始めればうまくいく」「進出すれば売れる」と考えられていたECビジネスが、生活者の購買にまつわるリテラシー向上と参入メーカー

数の増加による過競争で、ただ販売しているだけでは苦しい状況になっているのが実情です（図1.1.6）。

EC変革期

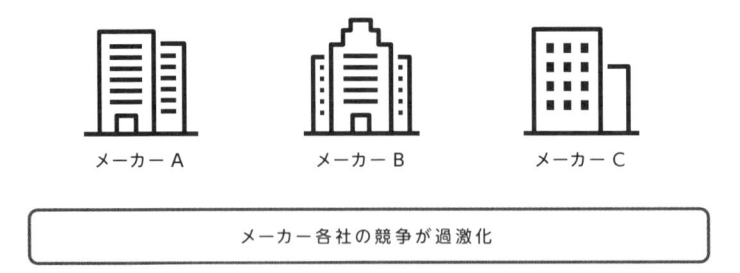

図1.1.6　EC変革期のECの役割

では、今のECビジネスにはチャンスがないのでしょうか？

そんなことはありません。

事実、日本のEC市場規模とEC化率は右肩上がりで伸びており、幅広い世代でECの利用率が上がっています。オンラインとオフラインをしっかりと突き合わせたOMO（Online Merges with Offline）のマーケティング戦略を持つことで、生活者と多面的につながりを持ち、事業／ブランドを成長させることが可能です（図1.1.7）。

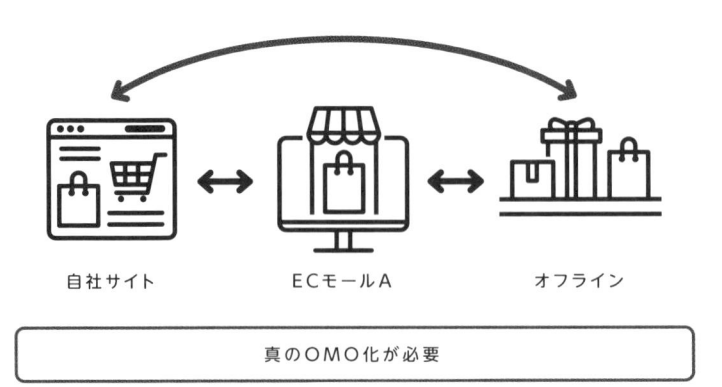

図1.1.7　今求められるOMOのマーケティング戦略

そのためのメソッドを紐解く前に、上記で述べた「失敗するECビジネス」においてよく見られる、「五つの失敗する理由」を具体的に見ていきましょう。

1.2

失敗する理由①〜「絵に描いた餅の事業計画づくり」〜

「経営層に言われて……」

「経営層に言われて、とりあえず立ち上げ初年度で10億円の売上、営業利益を1億円くらい出す予定なのですが」

EC事業立ち上げの初回のお打ち合わせで、こうした趣旨のオリエンテーションを受けたことが何度かあります。そして実際に作られている事業計画を見ると、こんな数字が並んでいます。

・3年目30億円、営業利益5億円
・5年目100億円、営業利益20億円
・10年目300億円、営業利益65億円
・……

華やかでワクワクするような理想的な事業計画ですが、残念ながらこのような「垂直立ち上げ、高売上かつ高利益」な事業計画は「絵に描いた餅」であり、それを実現できる確率は非常に低いです。

もちろん、よほど資金力があり、もともとブランドにたくさんのファンがいて、なおかつ商品製造原価率が低い、という条件であれば可能かもしれません。しかし、そうした条件をクリアしていることはほとんどなく、多くの企業は事業スタート後に計画の修正を求められます。

このように多くの企業がスタート地点である事業計画を作るところで大きく方向性を間違えた結果、最終的に失敗の道を歩んでしまいます。

なぜ、こうしたことが起こってしまうのでしょうか? 我々は二つの理由があると考えています。

ＥＣビジネスは初期投資型である

一つ目は「ＥＣビジネス」そのものへの理解不足です。

まず、自社ＥＣビジネス立ち上げに必要なものを想像してみてください。システムや物流の構築、商品ページやLP、バナーといった様々なデザイン物、初期顧客の誘客コストなどなど……挙げていけばきりがないほど、かかるコストは多岐にわたり、初期投資は莫大になります。

また、自社ＥＣビジネスがリピートしてもらうことで売上を立てていくモデルである以上、顧客数の少ない立ち上げ初期はなかなか売上のトップラインも上がっていきません。

一方でＥＣモールはどうでしょうか？ ＥＣモールへの出店・出品は自社ＥＣビジネスと比べるとシステム面での初期コストが低い一方、出店手数料など別のコストがかかり、モール内での販売実績を積み重ねるまでは、売上面でも利益面でも課題を持ちます。

このように自社ＥＣ・ＥＣモールともに、発売初期は初期コストと売上のバランスが悪くなりがちで、低売上・低利益（場合によっては赤字）から始まるケースが多くなります。流通への交渉力とプロモーションの力次第で、立ち上げ初期から垂直立ち上げが可能なオフライン小売のビジネスとは、大きく異なっています。

逆に、こうした壁を乗り越えた先では、顧客と直接コミュニケーションを取れるＥＣビジネスならではのロイヤル化が可能になり、高LTV型ビジネスモデルに転換することで利益率が大幅に良化していきます。

このように、初年度から売上と利益を垂直に立ち上げるビジネスモデルではなく、**ＥＣビジネスは徐々に成長していく初期投資型モデル**であることをきちんと理解し、初年度は場合によっては利益がほとんど出ない「種まき」の時期としてとらえる必要があります。

「市場全体」の成長率だけで判断しない

二つ目はビジネス設計の描き方です。

よくある「絵に描いた餅」の事業計画がどのようにできているかを紐解く

と、多くの場合、「作りたい売上」を置いたうえで、「どの程度市場シェアを取れるか?」という既に市場と棚がある前提での店頭マーケティングのやり方で作成しているケースが多いです。

例を挙げると、「A社としては、〇億円の事業を作りたい」「A社のカテゴリには、〇百万人のターゲットがいると想定され、そのうちの〇%のシェアを獲得できるため、〇億円の売上に到達する」といった作り方です。これは「マクロ視点」の事業計画と言えます。

この考え方自体は、まったく否定すべきものではありません。自社の事業目標を設定すること、広い意味でのターゲットポテンシャルを探ることは重要です。

ただし、これだけでは抜け落ちてしまう視点が「どうやって、そのユーザーを獲得していくのか」「販促費と顧客獲得単価(CPA)のバランス」といった**積み上げ型の事業計画**です。これは「ミクロ視点」の事業計画と言えます。

自分たちで積み上げ型の計算をしてみると、「マクロ視点」の事業計画では見逃していた穴に気付くことができます(例えば、「市況の数百倍の効率で顧客を獲得しないと、成立しない事業計画になっている」など)。

マクロとミクロ、この両方の目線がないと、各社の作る事業計画はまさに「机上の空論」となってしまいます。

1.3

失敗する理由②～多様化する生活者ニーズへの理解不足～

「自分がユーザーなら、オンラインで買うか」考えてみる

次によくある失敗理由が「生活者ニーズに対する理解不足」です。

スーパーマーケットやドラッグストアを基本の流通経路としている消費財メーカーから、ECビジネス立ち上げについて下記のような相談を受けたことがあります。

「今までドラッグストアなどで販売していたブランドを、自社ECサイトで販売しようと思う。卸先との関係性もあるため、自社ECサイトで新しい商品を出したり、同じ商品を値下げしたりすることは厳しい。そのため、現行品と同じものを、流通価格を超えない金額で販売しようと思うのですが、どうでしょうか?」

いかがでしょう? 実店舗に行けば手に取って確認でき、ほとんどの場合オンラインより安く買えるものを自社ECサイトで買おうと思いますか?

もちろん実店舗で買える場所が限られていたり、持ち運びが面倒な場合、ECサイトで買おうと思うかもしれません。しかし、それ以外のケースでは、そのままECサイトが選択されることはほとんどありません。

オフラインと同じ商品を自社ECサイトで販売する場合、「コスト面」でも「体験面」でも「商品面」でも、何かしらオンラインで生活者が買いたくなるポイントを作ることが重要です。

こうした「もし自分が顧客だったら」という視点が抜け落ちたまま事業が設計されるケースが非常に多いため、事業者は自分に「自分がユーザーならオンラインで買うか?」と問いかけ続けることが重要です。

多様化する生活者ニーズ

　また、生活者のニーズが多様化しているからこその苦悩もあります。

　こんな悩みをお聞きしたことがあります。

　「今までビジネスがうまくいっていたのに、この一年で急に新規ユーザーが獲得できなくなり、顧客離脱も増えている。マーケティングのやり方を変えているわけではないのに……」

　こうした悩みは、得てしてECビジネスできちんと成果を残してきた企業にこそ見られるものであり、何が課題なのかを解明する前に、シェアを競合他社に奪われてしまうケースが多いです。

　これはなぜ起きるのでしょうか？　例えば、「ダイエット対策」を目的とした食品で考えてみましょう。今までは、「ダイエットにお悩みの方へ!」という売り文句で売れてきたものがあったとします。ところがダイエットに対する生活者のニーズも多様化しており、ただ「痩せたい」だけでなく、「ボディバランスをよくしたい」「小顔になりたい」といったように、ダイエットに対する生活者のインサイトは人によってそれぞれです。

　そこを理解せずに、従来型のターゲット理解と普遍的な訴求を続けていると、それぞれのニーズにきめ細かく応える商品やサービスができれば簡単に代替されてしまいます。

　オンライン・オフラインでいろいろな情報に接触し、生活者のニーズが多様化する現在では、その変化のスピードも激しく、またどんどん細分化されています。

　これまで自社商品を頻繁に購入してくれていた生活者であっても、この先も買い続けてくれるとは限らないことを理解しましょう。ECビジネスを成功させるには、市場と生活者の求めているものへの理解を更新し続ける姿勢が必要です。

1.4
失敗する理由③〜顧客との
つながりの設計不足〜

CRMに関する大きな誤解

　規模拡大に苦しむECビジネスに特徴的な失敗理由として「CRM（Customer Relationship Management）」についての、「大きな誤解」が挙げられます。

　一般的な定義として、CRMは「顧客とのつながりを意識したマーケティングを行うことで、一人のユーザーのLTVを高めていくことを目指す活動の総称」を指します。

　ECビジネスではこのCRMが鍵になっていて、どれだけ獲得したユーザーを長期的に満足させ、長く商品を買ってもらう関係性を築くかが重要です。では、「CRMについての誤解」とは何でしょうか？

　実際にあったケースをご紹介します。新規顧客は順調に獲得できているものの、LTVがなかなか上がっていかない企業からご相談を受けました。理由を調べるために、マーケティング担当者の方にどんなCRM活動を行っているかを聞くと、次のような返事をいただきました。

　「うちはめちゃくちゃCRMをやっているんですよね。アップセルやクロスセルを促すメールをたくさん配信しているので! そこに全力投球しています。」

　実際にCRM活動の詳細を確認すると、確かに商品の継続購入を促すメールが大量に配信されていました。しかし、それ以外の活動、例えばブランドの価値を伝えるためのコンテンツづくりや会員制度の拡充、ロイヤルユーザーに向けた還元施策などはまったく用意されていませんでした。

　つまり、この企業はCRM＝販促メールととらえ、それ以外の顧客とのコミュニケーションを取っていませんでした。結果、顧客の心が離れ、LTVの

上がらない事業を作ってしまっていたのでした。

　こうしたケースは、少なくありません。世に流通する「売上を上げるCRMテクニック」といったものに目が行き過ぎた結果、CRMを「ユーザーにものを買わせ続ける活動」と考えてしまう「誤解」に行きつき、ビジネスを失敗させてしまう。策士策に溺れるとは、このことでしょうか。

中長期的に、どういう顧客とのつながりを実現するか？

　では、ECビジネスにおけるCRM活動をどう考えればいいのでしょうか？

　私は、事業者とユーザーの間での「中長期での深いつながり」を実現する活動がCRMだと考えています。

　長年のファンを多く抱えるブランドをイメージしてください。商品の持つ良さが十二分にユーザーに理解されているだけでなく、ユーザーとブランドの間に良好な関係性があると思います。

　売上を上げるための小手先のテクニックに終始するのではなく、ユーザーとのつながりを強固にすること。そこに顧客とコミュニケーションを取りやすいECビジネスならではのやり方を足していくことで、ユーザーの一人頭のLTVが上がり、最終的に売上はついてきます。

　具体的なCRM戦略の立て方や成功の秘訣は後半の章にて、事例とともに説明します。

1.5

失敗する理由④〜システムと
フロントの隔たり〜

「なんでそんなシステムを入れたの?」

　私が様々な事業のコンサルティングを行う中で実感しているのは、ECカートシステムをはじめとするフルフィルメント領域（ECや通信販売ビジネスにおける受注から発送までの一連の領域）にまつわる設計の難しさです。

　失敗に陥ることの多いシチュエーションが、「自社EC用カートシステムの選定」です。例として、ここではある新規D2Cブランドのお話をしましょう。

　このブランドの事業立ち上げ初年度の目標は、「5,000万円の売上」でした。最低限の営業利益を確保しながら、デジタル広告のPDCAとサイトやバナー広告における訴求テストをスピード感を持って行うことで、次年度以降の勝ち筋を見つける計画です。

　ところが、導入したECカートシステムは「スクラッチ型」と呼ばれる、サイトごとにカスタマイズが可能な一方、システム構築や改修にコストと工数がかかるものでした。そのため、サイト内のページ更新・改善のPDCAを回すためには、コストも労力もSaaS型のサービスと比べてかかってしまいます。

　事業を始めてみると、目標の売上以上にシステム費がかかってしまい、予定していたテストはほとんどできず、最終的にビジネスはクローズすることになりました。

　この話を読んで、「なんでそんなシステムを入れたんだ! そんな話、ありえない」と思われる方もいらっしゃると思いますが、実際に私はそうした状況をいくつも見てきました。

　そこには、「様々な問題に対処する中で、本質が見えづらくなっていく」実情がありました。

ECビジネスは分業制では成り立たない

　このような失敗はなぜ起こってしまうのでしょうか?

　一番の原因は、企業組織における分業制 (セクショナリズム) にあるのではないか、と考えています。

　先ほどのケースでは、ECビジネスにおける「フロント」担当としてブランドを管理するマーケティング部門と、「バックヤード」担当としてシステムを管理する社内の情報システム部門の間で、認識のすり合わせがなされていませんでした。いわゆる「縦割り組織」というものです。

　情報システム部門のメンバーは、「セキュリティの強固さ」「社内基幹システムとの連携性」「会社全体でのシステム導入状況」などの要素を優先します。そのため、「サイト更新のしやすさ」「コストの安さ」などが優先され、マーケティング部門が「事業成長において重要なポイント」と考えているものが後回しにされた状態でシステムが導入され、悲劇が起きてしまうというものです。

　これに関しては「どちらかの部門が間違っている」というものではなく、双方の部門のメンバーがお互いの優先事項をきちんと理解したうえで、「事業全体としての優先順位」を整理してシステム設計に臨んでおけば避けられた事態です。

　しかし残念ながら、複雑な組織体制や、マーケティング部門のメンバーのシステムへの苦手意識が原因となり、実際に事業がスタートしてから問題が顕在化するケースが非常に多いです。

1.6

失敗する理由⑤〜目的化する
データ活用〜

「データを取るためにECを始めましょう」

　EC事業立ち上げの目的として昨今よく耳にするのが、「データを取るためにECを始める」というものです。

　ECサイト、特に自社ECサイトにおいては、性年代などのデモグラフィックデータをはじめ、購買行動やサイト回遊状況などの行動データに至るまで、様々なデータを自社の持ち物にすることが可能です。さらに、SNS上でのデータや自社の別事業の会員基盤と突き合わせることで、高度なデータ分析・活用が可能になります。

　Cookieの規制など1st Partyデータを持つことの重要性が増す現在、ECサイトは各社にとって、データ収集・活用の最前線としての役割が期待されています。しかし、手段と目的がいつしか入れ替わり、データを取ることだけが目的になったECビジネスが増えています。

　また忘れてはならないのは、「ECビジネスの売上や利益を考えると、事業規模に見合わない高度なデータマーケティングは、ある程度の顧客リストがたまらない限り不要である」という点です。少ないサンプルから導き出した仮説は精度が低く、またそうしたデータ活用のためのシステム費に予算が割かれることで、事業の立ち上げ時に確保すべき顧客獲得費が削られてしまい、事業がスケールせず、データマーケティングも効果を発揮せず……という悪循環を生むケースがあります。

　実際に私が見たケースでは、事業立ち上げ直後から、高度なデータ基盤やMAツールの導入にマーケティング投資の軸足が置かれ、肝心要の顧客獲得活動を満足に行えず、売上が伸びなかったことで事業全体が失敗したものがあります。

　当たり前の話ですが、ECに限らずビジネスの目的は売上や利益を生み出

すことです。データ活用は売上や利益を生み出すための手段であり、それが目的化すると、こうした悲劇が起きてしまうのです。

データは生活者に還元するために使う!

　そして忘れてはいけないのは、ECサイトに来る生活者にとっては、自らの生活にまつわるデータを事業者に提供すること自体、心理的負荷が非常に高いという点です。事業者目線で考えていくと、「取れるデータはなんでも取りたい」となりますが、生活者目線では「できるだけデータは渡したくない。情報漏洩されたら怖い」という発想になります。

　そのため、取得したデータを使って、きちんと生活者にメリットを還元することを心がけることが重要です。例えば、化粧品のECサイトで、各個人の購買情報と肌タイプに合わせてパーソラナイズされたメールマガジンを配信することで生活に有益な情報が得られれば、顧客は「データを提供してよかった」と感じてくれるでしょう。生活者にとってのメリットとデメリットの天秤を思い浮かべ、データ活用を設計すること。そして、前項で述べた通りデータ取得自体を目的化しないこと。この二つを忘れてはいけません。

　以上、この章では日本のECビジネスの変遷と、その中でよく見られる五つの失敗理由について掘り下げました。

　「自分の会社は大丈夫」という方もいれば、「あ、このケース経験したことあるな」という方もいるかもしれません。大事なのは、こうした先人たちの失敗から学び、少しでも成功確率が高いビジネス設計を行うことです。

　次章では、そうした失敗を起こさず、成長するECビジネスを作るためのHAKUHODO EC＋ならではの考え方を紹介します。

第2章

EC「から」始める、
これからのマーケティング

EC市場の成長によって、ECビジネスは企業のマーケティング戦略のあらゆる領域と結び付く、「事業戦略全体の出発点」になりました。
HAKUHODO EC+では、EC「から」始める事業マーケティングを実践することが、これからのECビジネスの成功における必須条件であると考えています。
この章では、ECの立ち位置の変化とEC「から」始める事業マーケティングの定義を紹介します。

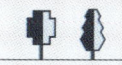

2.1

ＥＣは事業変革の出発点になる

「マーケティング戦略の出口」でしかなかったＥＣ

1990年代後半以降に台頭したECビジネスは、マーケターの間で「既存ビジネスで獲得できない『オンラインでしか買い物をしない人』にアプローチできる手段」として捉えられてきました。

ECチャネルが「マーケティング」チャネルとして存在感を発揮するようになった現在も、こうした認識のマーケターは少なくありません。

まずは、多くの企業の戦略策定の過程でECビジネスの戦略がどのように考えられているのかを見てみましょう。

ＥＣビジネスについて議論されるのは、「最後の最後」

ECビジネスは、マーケティング戦略議論の「最後の最後」に出てくる、「個別論点」の一つでした。経営戦略を基にしたマーケティング全体戦略が決定した後、さらにそのマーケティング戦略を「4P（Product＝商品戦略、Price＝価格戦略、Place＝流通戦略、Promotion＝販促戦略）」などの要素に分けた議論が始まります。その議論が終わってようやく、「店頭ビジネスやECというチャネルにPlace（流通戦略）をどう反映するか」という視点の下、ECビジネスの議論が始まります（図2.1.1）。

つまり、ECビジネスは「既に決まったマーケティング戦略をトップダウンで反映する出口」にとどまっていたのです。

ＥＣビジネスと店頭ビジネスの間にある壁

ECビジネスの普及が進んでも、ECビジネスと店頭ビジネスの間の隔たりはなかなか埋まっておらず、まだまだECビジネスは「新領域」として見られる

ことが多いです。そのため、ECビジネスの担当者が「店頭ビジネスの邪魔にならないように気を遣う」という心構えでマーケティング戦略を調整せざるを得なくなることが、往々にして発生します。

　例えば、「店頭に並ぶ商品の売上を守るため、スーパーやコンビニでECサイトに誘導するような施策はできない」「店頭価格を維持するために、ECサイトでの値下げは許されない」などの暗黙のルールが存在し、ECサイトで顧客を獲得するための打ち手不足が発生するという現象が頻発しています。

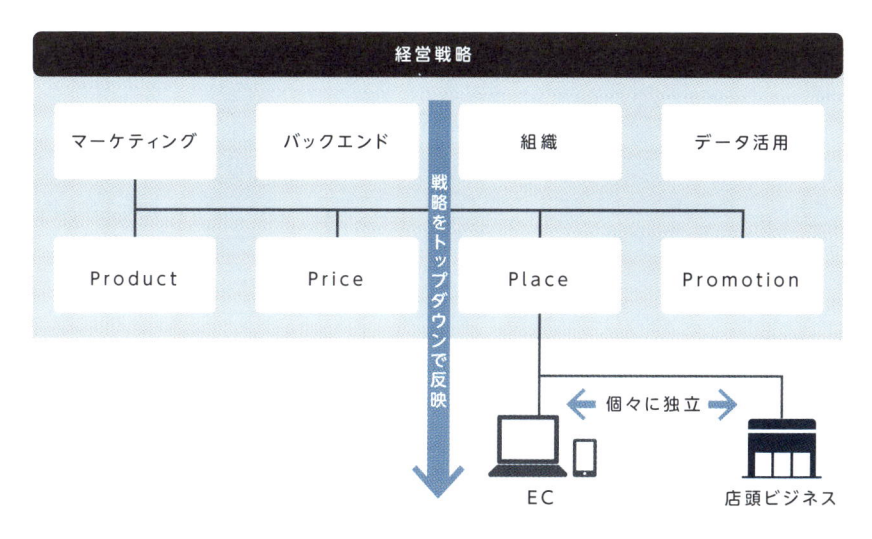

図2.1.1　従来のECの立ち位置（イメージ図）

ECの立ち位置の変化

　そんなかつての「ECの立ち位置」は、生活者の買い物意識の変化に応じて変わってきています。

ECビジネスは、生活者と企業活動をつなぐ結び目

　「ECで買い物をする」という習慣は、生活者にとって当たり前のものになりました。図2.1.2で示されている通り、生活者の8割以上が1年に1回以上、

ECで買い物をしています。その状況を踏まえると、「ECでの購買行動」を考えることなく、マーケティング戦略を議論することは困難です。

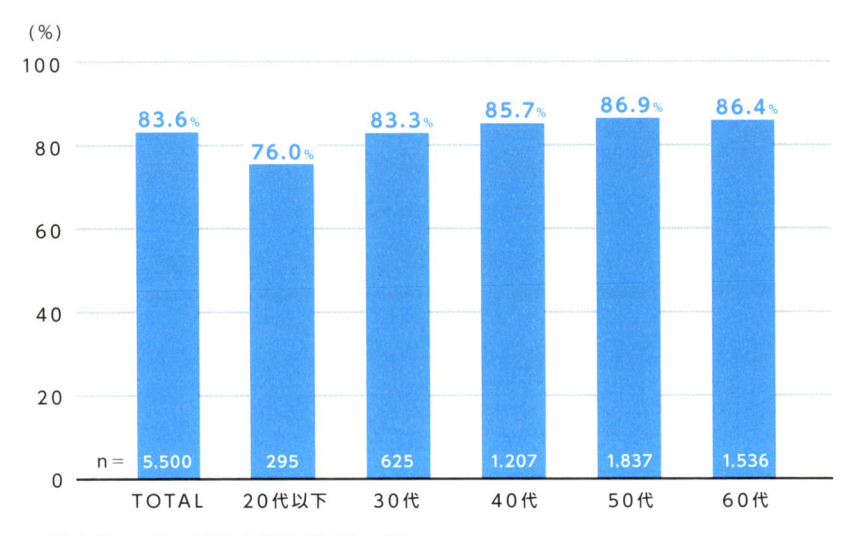

※直近1年以内にいずれかのECサイト利用ありと回答した割合
出典：HAKUHODO EC+「EC生活者調査」2023年6月より
　　　https://www.hakuhodo.co.jp/news/newsrelease/104716/

図2.1.2　直近1年間の年代別EC利用率

　さらに、生活者の行動をデータとして取得でき、スピーディーな検証もできるECビジネスは、生活者を理解するための道標として重要な役割を果たします。「ECビジネスを用いて、いかに豊かな生活者知見を得られるか」が、企業活動全体が生活者に受け入れられるための鍵を握っています。「生活者と企業活動をつなぐ結び目」となったECビジネスは、もはや後回しにはできない重要論点となったのです。

「ECビジネスと店頭ビジネスの間にあった壁」は、もうない

　第1章でも触れた通り、生活者の「チャネル・リテラシー」は飛躍的に向上しています。生活者は、「オンラインチャネルで買うブランド」と「オフラインチャネルで買うブランド」をうまく使い分けるようになっています。あるコスメ

ブランドでは、顧客の半数以上が「最初だけ自分の目で品定めができる店頭で購入し、あとは自動的に家に届くECで購入する」という購買行動を取っていることが、調査からわかりました。同様に、ファッションカテゴリや食品カテゴリのブランドでも、そうした購買行動を取るユーザーの比率が近年、増加しています。

　企業側が強く感じていたECビジネスと店頭ビジネスの壁は、生活者の中にはありません。生活者はECと店頭を自由に行き来しながら買い物を楽しんでいるのです。

ECビジネスがマーケティング戦略全体の起点となる

　以上の理由から、ECビジネスは「マーケティングのあらゆる領域戦略と結び付く、事業戦略全体の出発点」となりつつあります。この立ち位置の変化を踏まえ、ECビジネスを起点としたマーケティング戦略を立てることが、生活者の変化に対応する鍵となります（図2.1.3）。

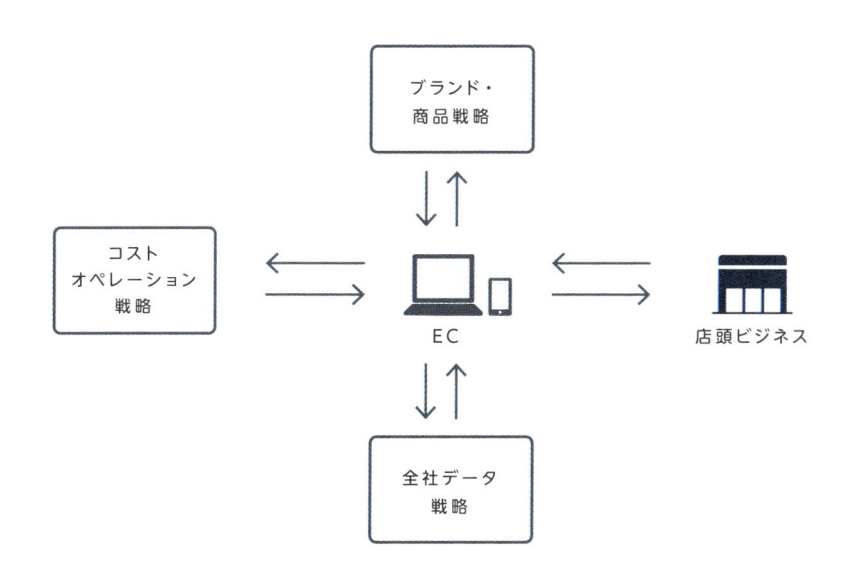

図2.1.3　これからのECビジネスの立ち位置

HAKUHODO EC+が支援してきた企業の中でも、ECビジネスがマーケティング戦略全体に影響を及ぼした例が増えてきています。

- ECモールでテスト販売した商品がヒット。ECモールでのスピーディーなPDCAから得たマーケティング戦略と売上実績を活かして店頭展開された
- ECサイト会員を巻き込んで新商品開発プロジェクトを実施。SNSから人気に火が付き、全社を代表するヒット商品になった

HAKUHODO EC+では、「これからのマーケティングは、ECビジネスを起点として考えていくものになっていく」と考えています。

- 「ブランド戦略を踏まえて、ECを作る」のではなく、EC『から』ブランド戦略を考える
- 「全社データ戦略の実行に役立てるため、ECを使う」のではなく、ECビジネスで得られたデータ『から』全社データ戦略を練る
- 「店頭ビジネスに気を遣う」のではなく、EC『から』店頭ビジネスも巻き込んだブランド体験を創り出す

こうした考え方のシフトが、ECビジネスを成功させるうえで重要です。

本章では以降、今後のマーケティングで必要になる、HAKUHODO EC+が考える「ECから始めるマーケティング」について、紹介します。

2.2
EC「から」始める
マーケティングとは？

「ECビジネスの中に閉じた議論」は最後にする

「『ECから始める』って……感覚的にはわかるけど、どう実践するの?」

そう思った方もいらっしゃるのではないでしょうか。ここからは、「ECから始めるにあたり、今までの活動から何を変えればいいのか?」というポイントについて掘り下げていきます。

議論の順番を変える

まず、「ECから始めるマーケティング」において重要なのは、「ECビジネスに閉じた議論は最後にする」ということです。具体的な例も交えながら考えてみましょう。

ECビジネスにおいて、「どんなサイトデザインが望ましいか」「EC広告の勝ちパターンは何か」という戦術の実装や運用の論点（図2.2.1の❷「実装フェーズ」「運用フェーズ」の論点）が構想フェーズの議論に先行して議論されることは、よくあります。これらの論点についてはノウハウが世の中に普及しており、考えやすいため、ついついこちらを先に議論してしまいがちです。

しかし、そうした戦術の実装や運用に関する議論は「ECビジネスの中に閉じた議論」であり、そのまま議論を進めても、ECビジネスが事業戦略全体の起点となることはありません。この視点で議論を進めている限り、「ECはECだよね」と、経営戦略と遠いところにある領域として後回しにされてしまう状況からは抜け出せません。

「顧客データの収集が目的化する」「ECで販売するブランドの好意が醸成されず、小さな枠の中でしか成長しない」などの、EC事業の失敗につながる歪みは、「ECに閉じた議論からスタートしていること」に起因しています。

「戦略議論を経ずに、EC内の戦術を詰める」という手順から脱却することが、ECから始めるマーケティングを実践する第一歩となります。

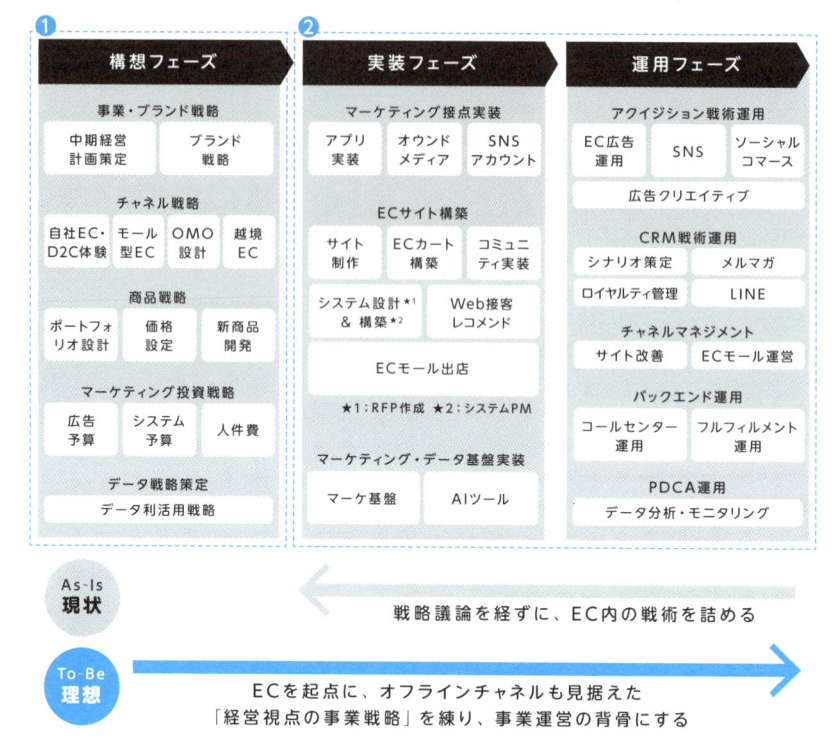

図2.2.1　あるべき「ECから始めるマーケティング」の思考経路

議論の輪を広げる

　ECに閉じない戦略議論を行ううえで、議論に参加するメンバーも重要です。「ECビジネスと店頭ビジネスの間にあった壁」がなくなった今、ブランド戦略策定には店頭ビジネスに関わるメンバーを巻き込む必要があります。さらに、「事業成長において重要なポイント」を外さずにビジネス設計を行ううえで、情報システム部門やデータマーケティング部門と早期に議論を重ね、適切な優先順位決めを行う必要があります。

　「普段ECをメインで扱っていない人」をいかに巻き込めるかが、ECから始

めるマーケティング戦略のインパクトの大きさを決めるのです。

戦略起点の事業運営

　「ECから始めるマーケティング」とは、「ECビジネス以外の領域も俯瞰した戦略起点の事業戦略を練り、事業運営の背骨にする」ということです。

　全社経営戦略を踏まえてECビジネスの戦略を考えるのではなく、「ECビジネスを中心に据えた企業成長」の絵を描くことから議論をスタートさせることが重要となります。

・ECビジネスでどんな顧客を獲得できれば、企業全体が成長するか
・ECビジネスを通じてどんな生活者洞察を得て、全社戦略に活かすか
・ECビジネスと店頭ビジネスを組み合わせて、生活者にどんな体験を提供したいか

　こういったECビジネスを起点とする成長戦略（図2.2.1の❶「構想フェーズ」の論点）を描き、ECビジネスを「企業活動と切り離せない事業」として運営していくことが、「ECから始めるマーケティング」を機能させる鍵となります（図2.2.2）。

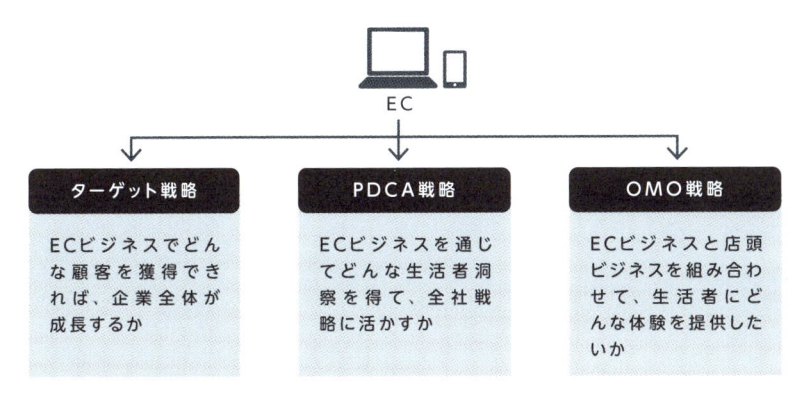

図2.2.2　戦略起点の事業運営

2.3

「戦略起点の事業運営」を
実現するプラニングフレーム

「戦略起点の事業運営」を考えるための2ステップ

　ここからは、「戦略起点の事業運営を実践するためにどんな論点を検討すればいいのか」を見ていきます。

　「戦略起点の事業運営」は、大きく「戦略立案」と「戦術立案」という二つのフェーズに分けられます（図2.3.1）。ステップ1の「戦略立案」では、「事業変革の中心としてのEC事業」の土台を作ります。ここで重要になるのは、「中長期的にマーケティング戦略全体にどう影響を与えるか?」にこだわる経営者的な視点です。続くステップ2の「戦術立案」では視点を切り替え、徹底的に「生活者に受け入れられるEC事業」を追求します。

　このような「戦略起点の事業運営」を実践することで、EC事業から「新規事業の種」や「新ターゲットの発掘」など、マーケティング戦略全体をアップデートするきっかけを生み出すことができるのです。

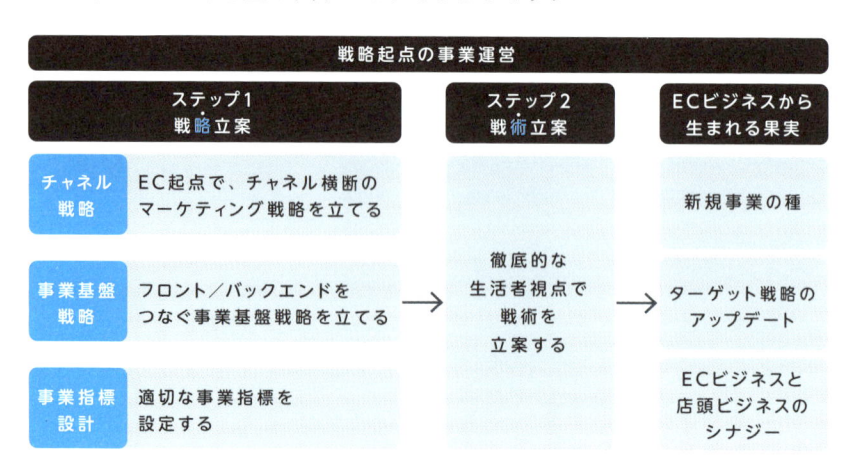

図2.3.1　戦略起点の事業運営を実現するプラニングフレーム

ステップ1：戦略立案

戦略立案は、「チャネル戦略」「事業基盤戦略」「事業指標設計」の三つの要素に分けて考えることができます。このフェーズでは、経営者の目線に立って、他事業とのシナジーや中長期的な事業成長を見据えて戦略を検討することが重要です。

チャネル戦略：EC起点で、チャネル横断のマーケティング戦略を立てる

前節で触れた通り、「ECビジネスと店頭ビジネスの間にある壁」は、もはや存在しません。「チャネル横断で生活者にどんな体験を届けるか」を考え抜くことで、現代の生活者動態に即したビジネスを提供することができます。

ECビジネスと店頭ビジネスを有機的に結び付け、EC起点でチャネル横断の事業戦略を立てることで、生活者が「どこで買っても満足できる」ブランド体験を実現することが可能になります。そのためには、EC担当と店頭担当の部署が有機的に連携し、綿密なOMO（Online Merges with Offline）戦略を立てることが不可欠です。

また、ECビジネスの中でも「自社ECサイトとECモールにどのような役割を持たせるか」を定義して、戦略的にチャネルを運用することが重要です。「商品認知を取るチャネルなのか、顧客を育成するチャネルなのか」によって商品の価格設計や、クリエイティブメッセージも変わってきます。

事業基盤戦略：フロント／バックエンドをつなぐ事業基盤戦略を立てる

ECビジネスの事業基盤設計は、「失敗できない勝負所」です。一度導入したシステムを変更するにはコストも時間もかかります。事業運営の中で「これ、うまくいっていないな……」と感じても、そう簡単に方針を転換できません（1.4参照）。

ECカートシステムや物流パートナーの選定などの事業基盤戦略を立てる段階から、マーケティング観点とシステム観点を折衝した最適解を追求すべきです。最適解を導き出すため、フルフィルメント設計の工程をきめ細かく整

理し、適切な関係者を巻き込んで合議体を作ることが重要になります。フロントとバックエンドを有機的につなぐための議論を重ねることで、「生活者の買いやすさ」を追求したフルフィルメント設計が実現されるのです。

事業指標設計：適切な事業指標を設定する

立ち上げ初期に様々な費用がかかり、顧客のリピートにより売上を立てて徐々に成長するECビジネスは、立ち上げ初期の利益状態がどうしても悪く見えてしまいます。ここで耐え切れず、EC事業が真価を発揮する前に撤退してしまうと、先行投資した資本が丸々無駄になってしまいます（1.2参照）。

事業計画は、「事業の寿命を決める」と言っても過言ではありません。「初期投資型ビジネス」であるECビジネスの特性を理解したうえで成長性を正しく評価し、投資を行っていくことが重要です。HAKUHODO EC+は、様々な業態のクライアント企業の事業計画策定を支援してきました。その活動の中で、紋切り型で事業計画を描くのではなく、「その事業でどんな果実を得たいか」というビジョンを反映することが、事業計画では重要であることがわかってきました。

事業計画だけでなく、個々の戦術を評価するうえでも、適切な指標設定が重要になります。戦術の目的に応じて、KGIやKPIを適切に設計することで、広い視点でのPDCAが可能になります。

ステップ2：戦術立案

戦略立案のフェーズで「事業変革の中心としてのECビジネス」の土台を作ったうえで、生活者にECで買い続けてもらうための戦術を立案するフェーズに入ります。生活者がブランドに出会ってからECで買い続けるまでの心理変化を想像して、「適切なタッチポイントを設計すること」「リピート購買を生むための仕掛け」「ファンになるツボを押さえること」が、重要になります。

タッチポイント設計

生活者の情報収集手段が変化する中、ECビジネスにおけるタッチポイント設計にも工夫が必要になってきています。

ECモールは、「ただ買い物をするだけの場所」ではなくなり、「買いたいものを探したり、買った人の感想を確認したりする場所」としての側面も持つようになりました。

さらに、SNSの普及によって商品やブランドの評判を容易に確認できるようになり、マス広告的アプローチだけでは生活者の心は動かなくなりました。SNSを通じてブランド体験を提供したり、ブランドの魅力を中立的な立場で発信したりする「エヴァンジェリスト」を活かしたマーケティング施策が、生活者の心を動かすうえで効果を発揮しています。

リピート購買を生むための仕掛け

ECビジネスの生命線は、「顧客にリピート購買してもらうこと」です。しかし、定期コースに一度入ってもらえば、自動的に続けてくれるほど、生活者の心理は簡単ではありません。ただメールマガジンを配信するだけでは、日々大量の情報に触れている顧客は、振り向いてくれません。「商品を買い続けることで得られるメリット」を作り、それを適切なタイミングで顧客に伝えることが、リピート購買を生む秘訣です。

メリットを伝えるチャンスは、生活者が商品を初めて買う前のタイミング、例えばプロモーション施策に触れた瞬間から存在しています。このチャンスを逃さず、早期から顧客に「もう一度買いたい」と思ってもらう仕掛けを設けることが、非常に重要となります。

HAKUHODO EC+では、戦略コンサルタントと広告クリエイターがチームを組み、リピート購買を生む「コマースクリエイティブ」を追究しています。

長くファンでいたくなるツボ

リピート購買の先にある目標は、「顧客にファンになってもらうこと」です。

顧客が商品を知人に薦め、顧客同士で商品の魅力について語るようになり、マーケティング投資をせずとも事業が育っていくのが究極の形です。その状態に少しでも近づくための「ファンづくり」に関するヒントを、「コンテンツ」「コミュニティ」「データ」という三つの切り口で紐解きます。

戦略立案のときとは視点を切り替え、徹底的に生活者の目線に立って考えることで、「生活者に刺さる戦術」を生み出すことができます。戦略立案・戦術立案を具体的にどう進めるかは、第3章以降でさらに詳しくご紹介します。

以上、この章では「ECから始めるマーケティング」という、新たなマーケティングの考え方を紹介しました。次章では、このプラニングフレームをチームで実行するための「問い」を、具体例を交えてお伝えします。

第3章

EC「から」始めるための、
六つの問い

第2章では、ECビジネスを成功させるうえでの必須条件であるEC「から」始める
事業マーケティングを紹介しました。これを実践するためには、バックグラウンド
や専門領域の違うメンバーで目線を合わせ、協業することが重要です。「戦略起点
の事業運営」を実現するプラニングフレームに基づく「六つの問い」を共有すること
で、スムーズな連携が可能になります。

この章では、EC「から」始める事業マーケティングを実践しやすくするうえで重要
な、六つの問いをご紹介します。

3.1

プラニングフレーム実行のための「六つの問い」

プラニングフレームを機能させるために

　第2章では、ECビジネスを「企業活動と切り離せない事業」として運営していくために必要な、「戦略起点の事業運営を実現するプラニングフレーム」（図3.1.1）をご紹介しました。プラニングフレームは戦略や計画を立案する際の骨組みとなるものですが、そのままでは抽象的であり、全員が同じ認識を持ちにくいことがあります。プラニングフレームを具体化する共通言語を持つことで、異なるバックグラウンドのメンバーがそれぞれの強みを活かしてアイデアを創出できるようになり、同じ目標に向かって効率的に動くことが可能になります。

　この章では、プラニングフレームを機能させ、EC「から」始めるマーケティングを円滑に実現するためのヒントをご紹介します。

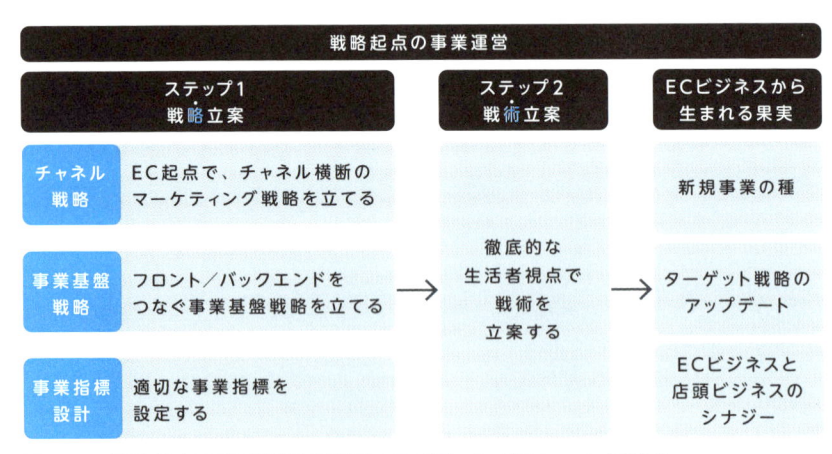

図3.1.1　戦略起点の事業運営を実現するプラニングフレーム（再掲）

「全員が共通認識を持つこと」の難しさ

　事業関係者全員が共通認識を持つためには、ハードルが二つ存在します。

　一つ目のハードルは、「バックグラウンドの差」です。 昨今のEC化に対応するため様々なセクションから人材を集めて、ECビジネスを管掌する部署を立ち上げたという事例を多く聞きます。ECモールのプラットフォーマーから転職してきた人、デジタルマーケティングを担当していた人、通販事業を担当していた人、店頭マーケティングを担当していた人、セールス部隊にいた人……など様々なバックグラウンドを持つ人々が、「ECビジネスの成功」という一つの目的に向かって突き進むのです。

　しかし、ここで問題が生じます。例えば、図3.1.1の「チャネル戦略」で考えてみましょう。「チャネル」という言葉から、ECビジネスだけを経験してきた人は「自社ECサイトとECモール」を思い浮かべ、店頭マーケティングを経験してきた人は「オフラインとオンライン」を思い浮かべるといった具合に、その人のバックグラウンドによって受け取り方にかなり差が出ます。定義が違うまま議論を進めてしまうと、考案される施策の種類が狭まってしまったり、「どのチャネルを伸ばすことを優先するか」という方向性がぶれたりします。

　二つ目のハードルは、「生活者視点」の幅広さです。 「生活者」とは、私たち自身のことも含みます。「生活者視点で考える」ことを意識したときに、人間はついつい「自分だったらどう思うか」という視点で考えてしまいます。1.3では、「事業者は自分に『自分がユーザーならオンラインで買うか？』と問いかけ続けることが重要」と述べましたが、「自分に置き換えれば、生活者視点ができたことになる」と決めつけるべきではありません。それは、必ずしも担当者自身が「事業として獲得すべきターゲット」と同じ感覚を持っているとは限らないからです。このような場合に、自分に引き寄せて考えてしまうと、「事業のためにならない」戦術が量産されてしまうことになりかねません。「EC事業を伸ばすために、どのような論点に分解して考えるべきか」という共通認識を、事業関係者の間で持っておくことが非常に重要となります。

　共通認識がない状態での「プラニングフレーム」は、理想を表したただの概念図となり、事業関係者が自主的に動くための行動指標にはなりません。

HAKUHODO EC+が支援している企業の中でも、戦略の方向性が決まった後、「戦略の実現に向けて関係者が自主的に動くようになるまでにどうすればよいか?」という課題は必ずと言っていいほど発生します。

「問い」を立てることの重要性

　全員が共通認識を持つうえで有効なのが、「問い」を立てることです。「共通認識を作りたいのなら、マニュアルを作ればいいのではないか?」と考える方もいらっしゃるかと思います。確かに、日々のルーティン業務の効率化に関しては、マニュアル化が効果的です。しかし、刻一刻と変化するEC市場に対応する戦略を生み出し、生活者のニーズに応えた戦術を打ち出すためには、**「こう行動すべきだ」という規範ではなく、「こういう論点について考えながら、日々の業務にあたろう」という習慣を根付かせることが重要**です。その時々の事業状況や市場環境に応じた答えを都度考える習慣を根付かせることで、環境の変化に強いECビジネス組織を作ることができるのです。関係者それぞれが自主的に「問いへの答え」を探し続けることが、柔軟に進化する事業を生み出します（図3.1.2）。

　「マニュアル」ではなく「問い」というフォーマットを採用することの重要性は、ここにあります。

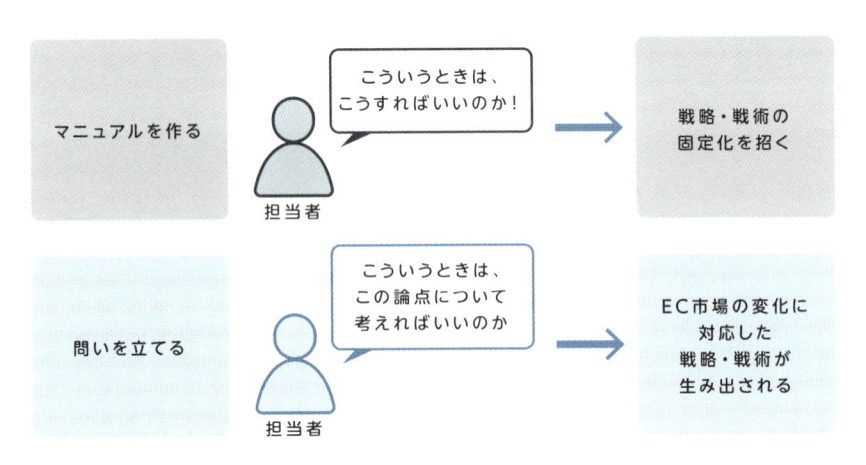

図3.1.2　問いを立てることによるメンバーの認識の変化

戦略起点のEC事業運営を実現するための「六つの問い」

それでは、図3.1.1で示した「戦略起点の事業運営を実現するプラニングフレーム」を機能させるための「問い」を紹介します（図3.1.3）。

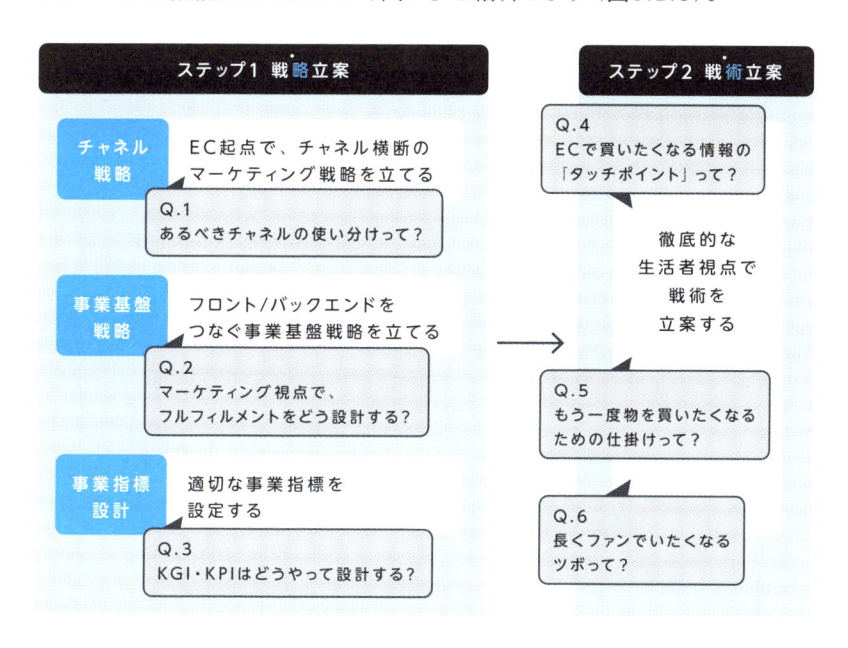

図3.1.3　プラニングフレーム実行に必要な六つの問い

ステップ1：戦略立案における「問い」

戦略立案のフェーズでは、特にバックグラウンドの違いによる認識の相違が発生しないように問いを立てることが重要です。

一つ目の問い（Q.1）は、「あるべきチャネルの使い分けって？」という問いです。これは、ECビジネス以外の領域を俯瞰したチャネル戦略を策定する際に、議論の出発点となる問いです。

二つ目の問い（Q.2）は、「マーケティング視点で、フルフィルメントをどう設計する？」という問いです。これは、マーケティング部門と情報システム部門という、バックグラウンドの違いに起因する考え方の違いが出やすい関係者

を一つにするうえで、有効な問いです。

　三つ目の問い（Q.3）は、「KGI・KPIはどうやって設計する?」という問いです。事業の最終的な目標達成度を測るKGI（Key Goal Indicator）と、事業成功の鍵を表したKPI（Key Performance Indicator）は、組織の向かうべき道筋を定めるための指標です。経営層から現場メンバーまで納得する指標設計を行わなければ、一丸となって事業成長に向かって突き進むことはできません。「KGI」と「KPI」をキーワードに、「何をどれぐらいやるべきなのか」を考え抜くことが重要です。

ステップ2：戦術立案における「問い」

　戦術立案では、「徹底的な生活者視点」の定義をぶれないように保ちつつ、生活者に刺さる戦術を考案しやすくするための問いを立てることが重要です。

　生活者がブランドに出会ってからECで買い続けるまでの心理の変化を考え、「ECで買いたくなる情報の『タッチポイント』って?」（Q.4）、「もう一度物を買いたくなるための仕掛けって?」（Q.5）、「長くファンでいたくなるツボって?」（Q.6）といった問いを立てることで、自然と生活者の目線に立つことができるのです。

　次節からは、ここで挙げた「六つの問い」についてより詳しく見ていきましょう。

3.2

経営者視点の戦略策定

Q.1 あるべきチャネルの使い分けって?

第2章でも触れた通り、ECビジネスと店頭ビジネスを有機的に結び付け、EC起点でチャネル横断の事業戦略を立てることが重要です。そのため、事業成長というゴールのために、それぞれのチャネルをどう「使い分け」るかを考える、全体最適にこだわった視点が重要です。

ECビジネスと店頭ビジネスの「使い分け」

昨今、「OMO (Online Merges with Offline) 戦略」への注目が高まっています。OMOの本質は、「ECビジネスと店頭ビジネスをどう使い分け、チャネル横断で生活者にどのような体験を届けるか」というところにあります。例えば、「手軽に注文できて、持ち運びの手間がない」というECで購入するメリットと、「商品を手に取って確認できる」という店頭で購入するメリットを「どちらが良いか」ではなく、「どう組み合わせればいいか」という思考で戦略を立てることが重要です。

また、チャネルの特性に応じて販売する商品を変えることも重要です。例えば、シャンプーブランドにおいて「本品は店頭で販売し、持ち運びが大変な詰め替え商品をECで販売する」という戦略は、チャネルの特性を踏まえた「使い分け」の戦略と言えるでしょう。

自社ECサイトとECモールの「使い分け」

ECビジネスの中にも、企業が保有する「自社ECサイト」と、Amazonや楽天市場、Yahoo!ショッピングなどの「ECモールのプラットフォーム」といった、それぞれに特性を持ったチャネルが存在します。買い物場所として定着

してきたECモールを認知獲得のチャネルとして捉える考え方も出てきたり、購買データの取りやすさによって顧客育成のために使うチャネルが変わってきたりするなど、チャネルが持つ機能によって、自社ECサイトとECモールを使い分ける企業も増えています。

様々なバックグラウンドを持つメンバーのそれぞれが、各チャネルの特性と強み・弱みを理解し、この問いについて考え続けることで、チャネルの壁を越えた「俯瞰の目線」を持つことができます。これが、戦略起点のEC事業運営を実現する第一歩となります。

第4章では、「ECビジネスと店頭ビジネス」「自社ECサイトとECモール」の特徴について整理したうえで、これらのチャネルを組み合わせた戦略づくりのノウハウをご紹介します。

Q. 2 マーケティング視点で、フルフィルメントをどう設計する?

「失敗できない勝負所」である事業基盤設計において、マーケティング部門と情報システム部門の間の議論は非常に白熱します。お互いがそれぞれの領域にとどまった視点で議論を進めてしまうと、議論が平行線をたどって停滞してしまったり、事業を推進するうえで重要な論点が抜け落ちてしまったりします。

議論の出発点において、「マーケティング視点で、フルフィルメントをどう設計する?」という包括的な視点を持つことによって、EC事業を成長させるうえでの「最適解」を導き出すことができるのです。

フルフィルメント設計に関する「認識合わせ」

「フルフィルメント」は、EC事業基盤設計において頻出する言葉です。しかし、この定義は人によって違うことが多いです。「フルフィルメント」に関する定義のすり合わせを行わないまま議論が進むと、基盤実装までのスケジュールが機能不全を起こしたり、システム導入後に「生活者にとって使いづらい点」が噴出したりします。「フルフィルメント」という言葉が何を指すのか、事業基盤設計に関わるメンバーのバックグラウンドに拘わらず、共通の認識を

持つことが重要です。

顧客を見て、フルフィルメントを設計する

　コストメリットなどの「事業者としての視点」だけでフルフィルメントを設計してしまうと、生活者にとって使いづらいECになってしまいます。マーケティング部門とシステム部門の知見をミックスしながら、エンドユーザーである生活者の使いやすさを追求していくことが、最終目的である「EC事業の成長」に近づくのです。

　実は、最も意識的に生活者視点を導入しなければならないのが「フルフィルメント設計」のフェーズです。部門に関係なくマーケティング視点を持ち、事業基盤を築き上げる鍵になるのが、この問いです。

　第5章では、フルフィルメントを「コンタクトセンター」「ロジスティクス」「システム」の領域に分け、機能と役割を整理しています。そのうえで、HAKUHODO EC+の支援経験に基づく「フルフィルメント設計にマーケティング視点を導入するノウハウ」を紹介します。

Q.3 KGI・KPIはどうやって設計する?

　「事業の寿命を決める」事業計画は、経営者目線と現場目線のどちらから見ても納得できるものでなくてはなりません。この「納得」を生み出すのが、明快かつ適切な事業評価指標です。納得できる評価指標が設定されれば、「この数字を達成するために何ができるか?」という共通目標に向けて、個々のメンバーが多様なバックグラウンドを活かして突き進むことができるのです。

「KGI」と「KPI」、どちらが欠けてもだめ

　意外と忘れられてしまいがちなのが、「KGIとKPIは、セットで考えるべきである」ということです。「当然でしょ」と思われるかもしれませんが、組織内で十分なコミュニケーションが取れていないと、「KGIだけを追う経営層」と

「KPIだけを追う現場」の間に大きな溝が生まれてしまいます。

　経営者目線に偏ってしまうと、「非現実的なKPI」が設定されてしまい、現場担当者が悲鳴を上げることになります。高すぎる目標を達成しようとするあまり、事業のコンセプトと大きくずれた「効率目的」の戦術が打ち出されることになってしまいます。逆に、現場目線に偏ってしまうと、ECビジネス以外にも目を向け俯瞰的に見つめる姿勢が失われてしまい、「個別最適のKGI」が設定されてしまいます。こうなると、議論が「ECに閉じたもの」となり、EC「から」始めるマーケティングを実現することが非常に難しくなってしまいます。

　よって、経営層から現場メンバーに至るまで全員が納得するまで、KGIとKPIについての議論を重ねることが重要となります。

　一方で、KGIもKPIも「組織の意思決定の成功確率を上げるための指標」にすぎません。精緻なKGI・KPIを立てることを目的化せず、「こういう事業でありたい」という意志に関する議論も行っていきましょう。

　第6章では、ECビジネスにおける「KGI」と「KPI」の設計方法や事業計画のシミュレーション・指標モニタリングのポイントについて解説します。

3.3

生活者視点の戦術立案

生活者の心理変化

　ECビジネスにおいて必要な「徹底的な生活者視点」とは、どのようなものなのでしょうか。ECビジネスでは、「できる限り多くの人にECを通じてブランドとつながり続け、商品やサービスにお金を払ってもらうこと」が「生活者に起こしてほしい行動」となります。「どのように心が動けば、その状態を実現できるのか?」を突き詰めて考えることが、ECビジネスの戦術立案において意識すべき「徹底的な生活者視点」なのです(図3.3.1)。

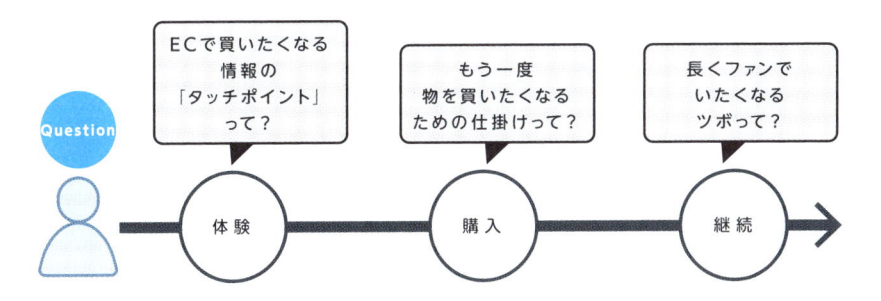

図3.3.1　戦術立案のための「問い」

Q.4 ECで買いたくなる情報の「タッチポイント」って?

　SNSや動画メディアの普及により、生活者の情報収集手段が多様化しています。ECビジネスにおけるタッチポイント設計にも工夫が必要になってきています。

タッチポイントとしてのECモール

多くの企業・ブランドが出品するようになったECモールは、「ただ買い物をするだけの場所」ではなくなり、「買いたいものを探したり、買った人の感想を確認したりする場所」としての側面も持つようになりました。読者の皆さんも、「ECモールの検索窓で欲しいものを検索して、目星をつける」「ECモールのレビューを見て、買うかどうかを決める」という行動を取ったことがあると思います。この状況を踏まえると、「どうECモールに誘導するか」という視点だけではなく、「ECモールを用いて、どんな情報を提供するか」という視点も非常に重要になってきています。

HAKUHODO EC+ではこの「ECモールのメディア化」ともいえる現象に着目し、ECモールをマーケティングの武器として活用するノウハウを開発しています。

求められるSNS戦略とブランド体験の設計

SNSや動画メディアなど、様々な情報にアクセスしやすくなった生活者は、企業から一方的に発信される情報をたやすく信じなくなりました。いかに生の良質な情報を伝えられるかが、事業成功の鍵を握っています。

そんな中、ブランドの素晴らしさを代弁するエヴァンジェリストを起用したり、SNSでの口コミやPR効果から逆算した商品開発を行ったりする企業が登場してきました。広告領域を飛び越えて、生活者の信頼を得るためのブランドづくりを行うことが求められているのです。

HAKUHODO EC+はこの潮流を踏まえ、ブランドを企業の持ち物ではなく、「生活者と一緒に作っていくもの」と定義し、企業と生活者の間で常にアップデートする「生活者共創マーケティング」に可能性を感じています。

この問いを徹底的に考え抜くことで、「まぐれ当たり」ではなく、生活者の購買意欲を刺激するマーケティング戦術を実践することが可能になります。

第7章では、実際にHAKUHODO EC+とともにECの新しいブランドづくりに挑戦した企業の事例を交えながら、情報のタッチポイント設計のノウハ

ウをご紹介します。

Q.5 もう一度物を買いたくなるための仕掛けって？

適切な情報設計によって、生活者の初回購買を生んだ後は「どうすればリピート購買してもらえるのか」という論点が出てきます。生活者の目線に立って考えたとき、「この商品を、次も買おう」と思ったきっかけを思い起こしながら、「どんな体験を提供すれば、ブランドとつながり続けるメリットを感じてもらえるか」を議論することが重要です。

買い続けるための「仕組み」とは？

ブランドとつながり続けるメリットとして真っ先に思い浮かぶのが、「続ければもらえるポイント」などの金銭的メリットです。確かに、ポイントは短期的な購買促進には効果的ですが、それだけでは生活者の心に長く残る価値を提供できません。今の生活者は単に商品を効率的に購入するだけでなく、購買体験そのものに意味や感動を求めるようになっています。

例えば、そのブランドを使うことで自分らしさを表現できる、自分のライフスタイルや価値観と共鳴する、といった体験です。生活者はこうした体験を通じて商品やサービスに感情的なつながりを感じ、ブランドに対して愛着を持つことができます。このつながりこそがリピート購入やロイヤルティを生み出す原動力です。したがって、ECビジネスにおいては、ポイント還元だけでなく、ブランド体験や共感を促進する仕組みを構築することが不可欠です。「生活者にとって象徴的な価値を感じられる体験とは何か？」を、日々議論することが重要です。

新規顧客を真に定着させるには？

昨今、「推し活」の熱量を活かしたプロモーションや、コラボキャンペーンなど、プロモーション施策の多様化が進んでいます。しかし、プロモーション施策によって獲得した顧客を定着させることは、想像以上にハードルが高いと

言われています。生活者がワクワクするような購買体験やエグゼキューション
を開発する「コマースクリエイティブ」の実践により、「ECに通い続け、買い
続けてもらう」ことを目指す必要があります。

　マーケティング戦術によって心が動いた生活者を、EC事業を支える「顧
客」に変えるうえで、この問いは大きな武器になります。

　第8章では、HAKUHODO EC+が実際に支援した企業の事例を交え
て、顧客に買い続けてもらう仕掛けを設計する方法をご紹介します。

Q.6　長くファンでいたくなるツボって?

　リピート購買の先にある論点が、「どうやってブランドのファンを作るか?」と
いう点です。「商品を買う」という行為を越え、ともに事業を作り、体験を
共有する「ファン」の存在が、ECビジネスの長期的な成長を支えます。第
9章では、「ファンづくり」の代表的な手段である「コンテンツ」「コミュニティ」
「データ」をテーマに、どのような議論がなされるべきかを見ていきます。

ファンを作るコンテンツとは?

　顧客との「商品以外の心理的つながり」を作るうえで、「ブランドとして顧
客にどんな体験を届けようとしているか」「社会をどのように変えようとしてい
るか」などのコンテンツ発信は有効な手段です。ただし、企業が発信するコ
ンテンツづくりは、「企業が伝えたいこと」と「生活者が知りたいこと」のバラ
ンスが非常に重要です。

　HAKUHODO EC+が支援する企業の中でも、コンテンツを活かして
ECビジネスのファンを作っていくことを意識した「コンテンツコマース」を実現
しようとする試みが増えてきています。

ファンをつなぐコミュニティとは?

　単なる商品の販売にとどまらない、顧客との継続的なエンゲージメントを築
くうえで、コミュニティの重要度は増しています。従来のECビジネスは、一

方的な販売チャネルとして機能していましたが、顧客同士の交流やブランドとの対話を通じて信頼関係を深めるコミュニティを活用することで、ブランドと双方向的に関わるファンを創出することができるようになりました。「商品やサービスについてのフィードバックの共有」により、ブランドへの信頼を醸成しつつ、コミュニティを通じて知った顧客のニーズやトレンドを、商品開発やマーケティング戦略に反映することができます。さらに、コミュニティ内で生まれる口コミやユーザー生成コンテンツは、信頼性の高いプロモーション効果を持ち、ファンづくりだけでなく新規顧客獲得やリピート購入にも寄与します。

コミュニティを設計する際には、「どんなコミュニティを顧客が求めているのか」「どのようなつながり方が求められているか」を、生活者と向き合って考え抜く姿勢が必要になります。

ファンになってもらうためのデータ活用

購買データがデータベースに保管されるECビジネスは、店頭ビジネスに比べて「データマーケティングを実践しやすい」とされています。しかし、データの集め方と使い方を工夫しなければ、「宝の持ち腐れ」のような状態になってしまいます。

データを集めることの本質は、「広告配信の最適化」のような事業効率の改善ではなく、「生活者が本当に欲しい体験」を提供することにあります。データを通じて顧客を理解し、ファンを作ることを意識して戦術を立てることが重要です。

この問いは、「顧客が顧客を呼ぶ」構造を創り出し、EC事業の中長期的な安定成長を実現するうえで大きなヒントになります。「どうすればファンを作れるか」ではなく、「どうすればファンになりたいと思ってもらえるか」という視点を持つことが重要です。

第9章では、HAKUHODO EC+の実践知を基に、「どのようにファンづくりに生活者視点を導入するか」という論点について解説していきます。

以上、この章では「ECから始めるマーケティング」を実現するプラニングフレームをチームで実行するための「六つの問い」について紹介しました。

次章では、チャネル戦略に関わる一つ目の問い、「あるべきチャネルの使い分けって?」という論点について解説していきます。

第4章

Q.1
あるべきチャネルの使い分けって？

第4章から第9章では、EC「から」始める事業マーケティングを実践しやすくするうえで重要な、六つの問いを紐解いていきます。

この第4章でテーマにするのは、「あるべきチャネルの使い分けって？」という問いです。多様なECチャネルの特徴について解説したうえで、「ECビジネスと店頭ビジネス」「自社ECサイトとECモール」を有機的に結び付け、チャネル横断の戦略を設計する方法を紹介します。

4.1

ＥＣビジネスと店舗ビジネスを
有機的につなぐ

ＥＣビジネスと店頭ビジネスという「チャネル」の使い分け

第2章でも触れた通り、企業側が強く感じていたＥＣビジネスと店頭ビジネスの壁は、生活者の中にはありません。生活者はＥＣと店頭を自由に行き来しながら買い物を楽しむようになりました。

「ＥＣビジネス」と「店頭ビジネス」という二つのチャネルをどう使い分けていくか？ という問いを考え抜くことは、生活者の変化に適応するうえで重要です。

この状況で企業に求められるのは、「ＥＣに特化したテクニック」でも「店頭での成功事例の横展開」でもありません。重要なことは、生活者が「どこで買っても満足できる」ブランド体験を実現することです。

この節では、ＥＣビジネスと店頭ビジネスそれぞれの特徴と、二つのチャネルを有機的につなげるうえで重要な論点をお伝えします。

ＥＣビジネスと店頭ビジネスの特徴

ＥＣビジネスと店頭ビジネスの違いや、それぞれの特徴について、「生活者目線」と「企業目線」に分けて整理していきましょう（図4.1.1）。

	アクセス	買物態度
ECビジネス 	いつでもどこでも買える	レビューや価格を参照して慎重に買う
店頭ビジネス 	手に取って確認のうえ、買える	スタッフのアドバイスやディスプレイを見て直感的に買う

図4.1.1 生活者目線でのECビジネス・店頭ビジネスの違い

生活者目線での違い

　ECビジネスの最大の特徴は、**購入の手軽さです**。24時間365日、自宅や外出先からスマートフォンやPCを通じて商品を検索・購入できるため、時間や場所に縛られないショッピングが可能になります。忙しい生活者も、ECを活用すれば仕事の合間や就寝前に商品を注文できます。

　さらに、情報収集のしやすさから、購入行動が慎重になる傾向があります。過去に購入した顧客によるレビューや評価、価格の参照が簡単にできるため、生活者は同じ商品を複数のショップやECモールで比較検討し、最もお得な選択肢を選べます。それゆえ、ECビジネスの価格競争は非常に激しいと言われています。また、期間限定のオンラインセールや、ポイント還元などの特典も、価格面での大きな魅力です。

　一方、店頭ビジネスは、商品を実際に「**手に取って確認できる**」点が強みです。衣料品の質感を確かめたり、家電製品のサイズ感を目で確認したり、食品の鮮度を直接確認できるのは、オンラインでは得られない価値です。また、店舗スタッフとの対話を通じたアドバイスや、商品選定のサポートが提供されることも生活者にとっては大きな利点です。そのため、視覚的なディスプレイや触覚的な体験を通じて、即座に「良い」と感じた商品に対して、その場で購入を決めることが多く、衝動買いが発生しやすいのです。

店頭における買い物は、家族や友人と一緒に過ごす時間としても機能します。特に休日のショッピングは「レジャー」や「コミュニケーション」の代表例と言えます。地域の店舗や商店街での買い物は、生活者と地域社会のつながりを強化する手段にもなるのです。

企業目線での違い

　次に、「コスト構造」「データ入手」「拡張性」の三つのキーワードを軸に、企業目線でのECビジネスと店頭ビジネスの違いを解説していきます（図4.1.2）。

	コスト構造	データ入手	拡張性
ECビジネス	初期投資型	多種多様なデータを入手可能	海外を含めた柔軟な展開が可能
店頭ビジネス	垂直立上げ型	限定的	店舗拡大には投資が必要

図4.1.2　企業目線でのECビジネス・店頭ビジネスの違い

　まず、「**コスト構造の違い**」について考えてみましょう。
　ECビジネスは、店舗を持たずに商品を販売できるため、物理的な店舗維持にかかる賃貸料、光熱費、スタッフ人件費などの固定費を抑えられます。
　代わりに、デジタルマーケティング費、ウェブサイトの運営費、サーバーコスト、物流・配送コストが発生します。特に、集客にはSEO対策や広告キャンペーンが重要であり、広告支出のために一定の初期投資を行う必要があります。また、配送や返品にかかる物流コストはECビジネスに固有のものであり、コストの増大を引き起こす可能性があります。
　一方、店頭ビジネスでは、賃貸や内装、人件費が大きなコスト要因です。

これらは特定のエリアに根ざす店頭ビジネスならではの固定費です。しかし、商品の受け渡しや返品対応を直接行えるため、物流コストは削減できます。また、店頭の棚を商品の集客面として活用できるので、ECと比較して集客コストが低く抑えられる場合があります。

これらの背景を踏まえて、ECビジネスは「初期投資型」の事業モデルで、店舗ビジネスは「垂直立ち上げ型」の事業モデルであると言われます。詳しくは第6章で解説しますが、事業指標を設計するうえで、この違いは非常に重要です。

次に、「データ入手」の点から見た違いについて解説します。

ECビジネスの最大の利点の一つは、顧客の購買行動を詳細にデータとして収集、分析できる点です。「顧客がどの商品ページを閲覧したか」「どのタイミングでカートに商品を入れたか」「どの広告から流入したか」など、オンライン上の行動が記録され、これを基にパーソナライズされたオファーを展開することが可能です。こうしたデータに基づくアクションは、リピート購入促進や顧客満足度向上に大きく貢献します。

店頭ビジネスでは、顧客の購買データはレジの取引履歴や会員カードを通じて得られますが、「来店客が何に興味を持ち、どの商品に触れたか」などの細かい行動データは取得しづらいです。ただし、近年ではIoTやセンサー技術を活用し、来店者の動線や商品への興味をデジタル化する取り組みも進んでおり、実店舗でもデータの活用が進みつつあります。

最後に、「拡張性」の違いについて説明します。

ECビジネスは地理的な制約がなく、商品を全国・全世界に向けて販売できるのが大きな特徴です。新たな物流拠点を設けるための設備投資が少なく済み、店舗拡大のための高額な資金を投じることなく、オンライン上でスピーディーに事業規模を拡大できます。特定の国や地域への配送対応を強化するだけで、その市場へ進出できる点が魅力です。

一方、店頭ビジネスは、地域ごとに物理的な店舗を展開しなければならないため、事業拡大には多額の投資が必要です。新たな店舗を出店する際には、立地条件の精査、賃貸契約、店舗デザイン、人材の確保など、多くの要素を計画的に進める必要があります。そのため、事業をスケールアップする速度やコストにおいて、ECと比較して制約が大きいと言われています。

ECビジネスと店頭ビジネスの違いを理解したうえで、これらのビジネスがどのように影響し合っているのかを見ていきましょう。

ECビジネスが店頭ビジネスに与える影響

　ECビジネスは、店頭ビジネスとは異なる性質を持つだけではなく、**店頭ビジネスに対してポジティブな影響を与えることもあります**（図4.1.3）。

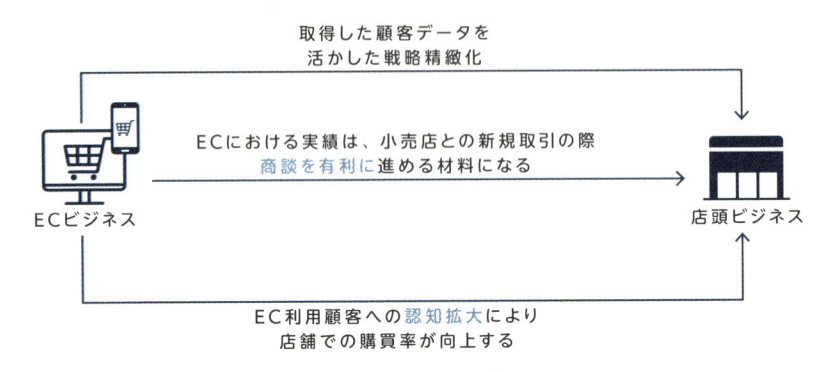

図4.1.3　ECビジネスが店頭ビジネスに与える影響

　ECビジネスは、「店頭ビジネスを動かす商談材料」や「店頭で購入する顧客の情報収集源」、「戦略の精緻化に使えるデータの源泉」にもなりうるのです。

商談材料として

　ECサイト上での売上実績・商品評価などを商談時に活用することで、店舗や小売業者への説得材料として利用できます。具体的な販売実績があると、交渉相手も商品導入に対する信頼感を持ちやすくなります。実際に、ECモールでの売上ランキングの情報から店頭ポップを作成するなど、ECサイト上での売上実績を店頭展開に活かすブランドはどんどん増えてきています。最近、ドラッグストアなどでも「Amazonランキング1位!」や「楽天市場

ランキング1位!」といった触込みの入った店頭ポップをよく見かけるのではないでしょうか。

　これは、オンラインとオフラインを行き来するようになった生活者が、「ECで売れていること」を根拠にブランドを信用するようになったことも関係しています。

情報収集の場として

　店頭に行く前に特定の商品に目星を付ける「ウェブルーミング」という行動を経て、効率的な購買活動を行う傾向が強まっています。ECサイトは、実際に商品を購入する前に生活者が情報を収集する場として機能しています（図4.1.4）。

店舗購入時の情報収集源		
1位	TVコマーシャル	31.3%
2位	家族や友人から聞いた商品の情報や評判	27.0%
3位	店内・店頭の広告やPOP	24.0%
4位	オンラインショッピングサイトのレビュー	20.5%
5位	新聞折込のチラシ・クーポン	20.0%

Q．あなたが普段、お買い物をする際に情報源として活用しているものについて、
　　以下の中からあてはまるものをすべてお答えください　　　　　　　　n=6,000
出典：HAKUHODO EC+「EC生活者調査」2023年6月より
　注：このアンケート結果は一般には非公表

図4.1.4　購買時の情報収集源

　この事実からも、ECモールなどのオンラインサイトで存在感を発揮することは、結果的に店頭での購買を促進するうえでも有効であることがわかります。

データ活用による戦略の精緻化

　ECのデータを分析することで、客層ごとの購買パターンや嗜好を深く理解することができます。この情報を基に、店頭で地域や時間帯ごとに最適な商品ラインナップを提供するなど、ターゲティングをより精緻化することができます。また、ECの売上データを活用することで、店頭の在庫管理を最適化することもできます。特定の商品がECで人気であれば、店頭でも同様の需要が見込まれるため、在庫を適切に配置することが可能です。また、需要予測アルゴリズムにより、シーズンごとのトレンドを早期に把握し、戦略的な商品展開を実現することにも活かせるでしょう。

ECでのテストマーケティング

　HAKUHODO EC＋が実際に支援した企業の中にも、ECで得られたデータを活かし、店頭ビジネスの売上につなげた例があります。飲料メーカーが開発中の、既存の商品ラインと一味違う「ポテンシャルが未知数な新商品」がありました。その商品をECモールで先行販売したところ、店頭に比べて「売れたかどうか」の結果が迅速に把握でき、広告結果の分析から得られた示唆を活かしてPDCAを回すことができました。

　その結果、その商品はECモール内でカテゴリランキング1位を獲得。その実績を基に店頭展開まで行い、店頭ビジネスの売上を支える新たな柱となったのです。ECビジネスで得られた豊富なデータや売上成果があることで、「この商品で勝負に出る」という意思決定をしやすくなり、結果的に店頭ビジネスを含めた事業成長をスピードアップさせることができました。

　このように、ECビジネスは事業成長のスピードを速める起爆剤にもなりうるのです。

OMO戦略を設計する

　OMOとは「Online Merges with Offline」の略であり、オンラインと

オフラインを融合させるマーケティング手法を指します。

　日本市場の先を行く北米市場では、「OMO推進」が重要な経営アジェンダとして定着しています。「オンライン」と「オフライン」、それぞれのチャネルで得られる生活者知見・データを掛け合わせて、生活者の購買行動を精緻に捉えたマーケティング戦略を立てることが重要です。

　OMO設計を考える手順は、大きく三つのステップに分けられます（図4.1.5）。

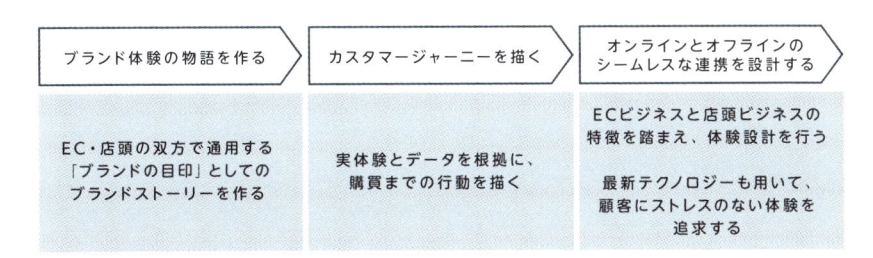

図4.1.5　OMO戦略を考える工程

ステップ①：ブランド体験の物語を作る

　生活者は、オンラインとオフラインそれぞれで無数のブランドと接しています。その中でチャネルをまたいで、自社ブランドの印象を残しておくのは至難の業です。まず重要なのは、オンラインとオフラインをまたいで一貫した**ブランドの「物語」**を伝えることです。

　ここでは、次のような論点について考え抜くことが重要です。

・ブランドの核心的な価値は何か？
・顧客に商品やサービスを通じてどんな感情を抱いてほしいのか？
・オンラインとオフラインの体験をどのように統合し、顧客にブランドのストーリーを伝えるか？

　これらの論点は一見すると経営層の話であり、EC事業の現場担当者が考えるべきものではないように思えるかもしれません。しかし、「ECから始めるマーケティング」を実践するためには、こうした論点についても考え抜く必要

があります。

「ブランドのストーリーがECと店頭両方で成立するものなのか」という視点がないままブランドストーリーの議論が進んでしまうと、チャネルをまたいだ瞬間にブランドの発信するメッセージがぶれてしまい、ブランドの印象を残しづらくなります。これは、EC・店頭の双方で通用するブランドの目印を作るようなもので、OMO戦略策定の出発点となります。

ステップ②：カスタマージャーニーを描く

次に、**顧客がどのようなタッチポイントを経て購買に至るか**、その全体像（カスタマージャーニー）を描く必要があります。

具体的には、次の論点について考える必要があります。

- 顧客はどのタイミングでオンラインとオフラインを行き来するのか？
- どの場面でどんな体験が顧客にとって価値を持つのか？
- ECや店舗でのタッチポイントで、顧客に伝えたい一貫したメッセージは何か？

このフェーズでは、実際にECサイトで買い物をしたり店頭に行ったりして、担当者自らが「一人の生活者としての肌感覚」を身に付けておくことが重要です。補強材料として、ECや店頭における顧客行動のデータを見ておくと、組み立てたカスタマージャーニーを定量的に語れるようになり、説得力が増します。

ステップ③：オンラインとオフラインのシームレスな連携を設計する

このステップで、先ほど説明した「ECビジネス・店頭ビジネスの特徴」を頭に置きながら施策のアイデアを考案します。

具体的には、次のような論点について考える必要があります。

- ECと店舗それぞれで、どのような体験を提供すべきか？
- オンラインの利便性と、オフラインでの実体験をどう補完し合うか？
- 顧客がオンラインからオフライン、またはその逆に移動するとき、どうすればスムーズな体験を提供できるか？
- ECで得たデータをどのように実店舗で活用し、逆に実店舗で得た情報をどのようにオンラインに反映させるか？

　　チャネルをまたいでスムーズな体験を届けることは簡単ではありません。AR/VR技術などの最新のテクノロジーをフル活用することができれば、顧客がストレスを感じない「シームレスなOMO戦略」が完成する可能性が高まります。日夜アップデートされる最新のテクノロジーについてのアンテナを、常に張っておきましょう。

OMO戦略を実践する企業例

　　企業の規模に関わらず、「オンラインとオフラインをまたいだ事業成長」は、現代の企業において重要な論点となっています。

　　例えば、コスメ業界においては「商品が自分に合っているか？」を確認する機会が重要とされるため、店頭でカウンセリングとサンプル配布を行い、SNSツールでつながり、オンラインでのCRM施策と店頭でのスタッフコミュニケーションを掛け合わせて顧客育成を行うのが一般的な戦い方となっています。

　　また、ある程度の規模まで成長した新興D2Cメーカーはこぞって、さらなる成長を遂げるために店頭への配荷を進め、デジタルの世界を飛び出した成長を目指しています。

　　OMO戦略が実現された事例はまだまだ少なく、思考法も決まったフォーマットが確立されているわけではありません。

　　しかし、「ECと店頭のどちらかのチャネルに閉じることなく、生活者目線やテクノロジー知見を総動員して体験を設計する」という姿勢が成功の鍵を握っていることは間違いありません。

OMO戦略で活用できる「武器」

ここで、OMO戦略を機能させるうえでのキーワードとして、「**マージナル
タッチポイント**」という概念を挙げたいと思います。

チャネルを超えたマーケティング戦略の策定で課題になりがちなのが、「生
活者の行動をひとつなぎで把握することの難しさ」です。ユーザーデータ
の保管先が小売りチェーンやECプラットフォームなどに分散されている中で、
「店頭で自社ブランドを購入した人が、ECでも買っていた人なのか」などの
確認が非常に難しく、「ECで自社ブランドを買っている人に店頭クーポンを
発行する」という施策も、大規模に実施するには工夫が必要です。

そこで重要になるのが、「オンラインとオフラインの境界にあるタッチポイン
ト=マージナルタッチポイント」です。例えば、SNSは「マージナルタッチポイ
ント」の代表例と言えるでしょう。店頭キャンペーンでブランドとの接点がで
きた顧客を個人情報を登録した「本会員」に転換するのはハードルが高いた
め、自社アプリ利用者やSNSフォロワーなどの「プレ会員」状態に置き、本会
員に転換する機会を窺うことは、有効な戦略の一つです。

日常的に生活者が使うSNSサービスで顧客とつながり続けることによっ
て、オンライン・オフラインどちらで買い物をしているときにもブランドが想起
される状態を作ることができます。ここで重要なのが、マージナルタッチポイ
ントをただ活用するのではなく、「生活者の心理をどう動かすのか」を想像し
たうえで活用法を考案することです（図4.1.6）。

「**リテールメディア**」も、マージナルタッチポイントの一つと言えるでしょう。
リテールメディアとは、ECサイトのオンライン広告や店舗に設置されるサイ
ネージ、アプリ内広告など小売企業が運営する広告媒体を指します。近年、
ECやデジタル広告活動で得られたデータを、リテールメディアの運用に活用
できる仕組みも開発されており、「オンラインとオフラインをつなぐ広告運用」
を担う媒体として注目されています。

リテールメディアの活用において重要になるのが、**統合的な視点**です。流
通の販促メディアとして個別最適を図るだけでは、結局のところ「店頭に閉じ
たマーケティング」になってしまいます。他のリテールメディアやマスメディア
への波及を見据えた統合的なプラニングが、リテールメディアの真価を発揮

するうえで重要な鍵となります。

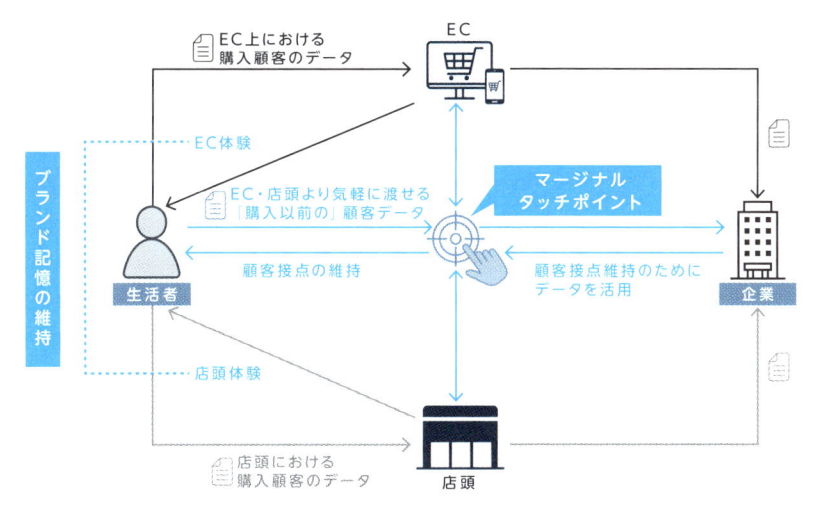

図4.1.6　マージナルタッチポイントの活用

組織を超えた連携

　このような思考のフレームや武器を活用して立てたOMO戦略を、実際に機能させるうえで最も重要なのが、組織を超えた連携です。

　繰り返しになりますが、「OMO戦略をどう組み立てるべきか?」という定石は今のところ見つかっていません。なぜなら、今までオフラインとオンライン領域で築き上げてきた資産は企業によって千差万別であり、その掛け合わせにどの企業も苦労しているからです。

　そんな状況において、生活者の動きを正確に捉えた購買体験をデザインするため、オンラインチャネルを管掌する部署とオフラインチャネルを管掌する部署がフラットに連携を取る組織的対応が求められます。**綿密なOMO戦略を立てるうえで、EC担当と店頭担当の部署が有機的に連携することは不可欠な**のです。

以上、ECビジネスと店頭ビジネスを有機的につなぐOMO戦略を実現するためのノウハウをご紹介しました。さらにECビジネスは、「自社ECサイト」や「ECモール」などに分類されます。これらの特性を理解したうえで、適切に活用することで、効率的な事業成長を実現することができます。

　次の節からは、ECサイトの種別について説明したうえで、自社ECサイトとECモールの「戦略的な使い分け」について解説していきます。

4.2

自社ECサイトとECモールを「戦略的に」使い分ける

自社ECサイトとECモール

本書で取り扱っている物販系分野のBtoC-ECサイトの中で、企業マーケティング担当者が触れる機会が圧倒的に多いのが「自社型ECサイト」（以下、自社ECサイト）と「モール型ECサイト」（以下、ECモール）です（図4.2.1）。

この節では、自社ECサイトとECモールの特徴と、その理解に基づく戦略的なチャネル運用について解説します。

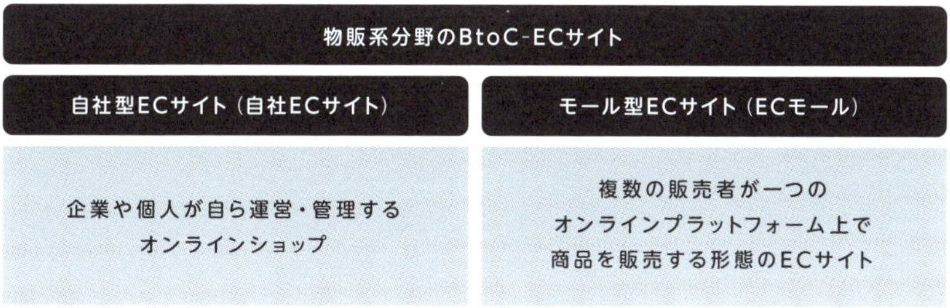

物販系分野のBtoC-ECサイト	
自社型ECサイト（自社ECサイト）	モール型ECサイト（ECモール）
企業や個人が自ら運営・管理するオンラインショップ	複数の販売者が一つのオンラインプラットフォーム上で商品を販売する形態のECサイト

図4.2.1　自社ECサイトとECモール

自社ECサイトの特徴

自社ECサイトとは、企業や個人が自ら運営・管理するオンラインショップを指します。独自のドメインを持ち、全ての運営において販売者が主導権を持つため、サイトデザインから顧客対応、マーケティング戦略に至るまで自由度が高いのが特徴です。

自社ECサイトでは、デザインやユーザーインターフェースを自由にカスタマ

イズできるため、ブランドのイメージを統一することができます。また、顧客の購買体験も細かく設計できるため、オリジナリティのあるサービスや特典を提供することもできます。

さらに、顧客の購買履歴や行動データを自社で保有できるため、マーケティングに役立つデータを分析しやすく、パーソナライズされたリテンション施策を展開することができます。例えば、過去の購入履歴に基づいてメールマガジンの内容を変更するなど、顧客一人ひとりに寄り添ったサービスの提供が可能です。

自社ECサイトでは、外部のプラットフォーム利用料や手数料が発生しないため、利益率を高く保つことができます。また、独自の価格設定やキャンペーンも自由に行えるため、ブランド戦略を体現する場所としても重視される傾向にあります。

一方で自社ECサイトを運営するには、サイトの構築やメンテナンス、サーバー管理、マーケティング活動などに費用がかかります。特に、ECモールのように大規模なプラットフォームの集客力や知名度に頼ることができないため、生活者が「そのサイトの存在を知らない」という根本的な問題があり、まずはサイトの認知度を向上させる必要があります。集客のための広告費用やSEO対策が必要で、競争が激しい市場ではコストがかさむことがあります。

ECモールの特徴

ECモールとは、複数の販売者が一つのオンラインプラットフォーム上で商品を販売する形態のECサイトです（**図4.2.2**）。Amazon、楽天市場、Yahoo!ショッピングなどが代表的なECモールで、これらのプラットフォームは、多くのブランドやショップが出店している「オンラインショッピングモール」のような存在と言えるでしょう。

	自社型ECサイト（自社ECサイト）	モール型ECサイト（ECモール）
出品側の裁量	全ての運営において販売者が主導権を持ち、「ブランドの色」を表現しやすい	プラットフォームのブランド力が優先されるため、「ブランドの色」を強く打ち出すことが難しい
商圏	自力での集客が必要なため顧客獲得のための初期投資が必要	ECモールの抱える顧客にアプローチすることができ、ロケットスタートを切りやすい
コスト	フルフィルメント整備など、立ち上げまでの時間とコストがかかる	モールのシステム利用料や協力金がかかり、価格競争も激しい

図4.2.2　自社ECサイトとECモールの違い

　ECモールは、既に膨大な数の顧客を抱えており、販売者はその顧客基盤を活用することができます。特に、Amazonや楽天市場のような有名なモールでは、プラットフォーム自体が積極的に広告を打ち、集客を行っています。このため、初期段階から多くのアクセスを期待でき、短期間で売上を伸ばすことができます。

　大手のECモールは、既に顧客からの信頼を得ており、生活者は安心して購入できます。例えば、Amazonでは迅速な配送や購入後の保証があり、これが生活者の購買意欲を高めます。新規事業者にとっても、モール自体の信頼性を活用することで顧客獲得がしやすくなります。

　ECモールでは、サイト構築や決済システム、顧客サポートなどの機能が既に整備されているため、自社でこれらをゼロから構築する必要がありません。この点は、特に小規模な販売者やECに詳しくない企業にとっては、大きなメリットとなります。

　一方、ECモール内では、同じカテゴリーの商品を多数のショップが扱っているため、価格競争が激しくなる傾向にあります。価格だけでなく、レビューの数や評価も競争要素となるため、価格と品質の両方で顧客を満足させることが常に求められます。さらに、ECモールに出店する際には、出店料や売上に対する手数料が発生するため、利益率が低下することがあり、薄利多売傾向に陥るリスクもあります。

ECモールでは、プラットフォームのブランドを保つことが優先されるため、自社のブランドを強く打ち出しづらい場合があります。顧客にとっては、モール全体でのショッピング体験が重要であるため、自社サイトほど自由にブランド戦略を展開することができません。ページデザインについても、プラットフォームごとに統一された「型」のようなものがあり、ブランドの色を表現することが難しいのです。

ECモールの具体例

　代表的なECモールである「Amazon」「楽天市場」「Yahoo!ショッピング」にもそれぞれ、特性や出店形態などに違いがあります（**図4.2.3**）。

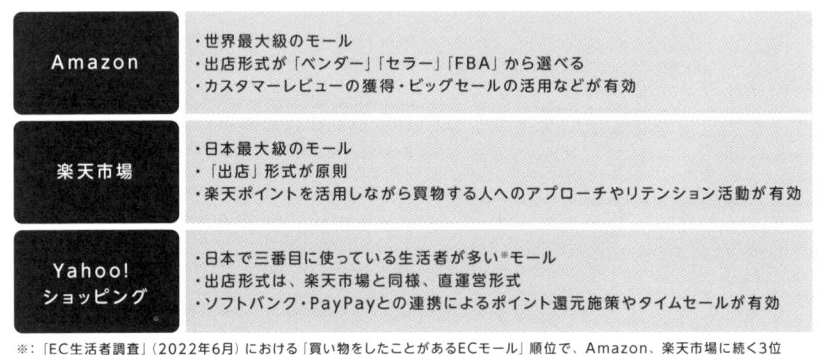

※：「EC生活者調査」（2022年6月）における「買い物をしたことがあるECモール」順位で、Amazon、楽天市場に続く3位
出典：HAKUHODO EC+「EC生活者調査」2022年6月より
注：この調査結果は一般には非公表

図4.2.3　代表的なECモールの特徴

Amazonの特徴

　ここからは、日本を代表する三つのECモールをご紹介します。

　Amazonは日本国内だけでなく、世界的に見ても圧倒的なシェアを誇るECプラットフォームです。Amazonに出店する代表的な方法としては、「ベンダー」「セラー」「FBA（Fulfillment by Amazon）」の三つが挙げられます。

　「ベンダー」は、Amazonに商品を「卸売り」する形式です。事業者は

商品をAmazonに納品し、その後はAmazonが小売業者として商品の販売を担当します。ベンダー形式では、事業者はAmazonの直接の取引先となり、Amazonが商品の価格設定や販売、プロモーションを行います。Amazonによる商品のプロモーションサポートを得られる一方で、価格設定はAmazonに裁量があるため、出品者側がマーケティング意思決定をコントロールしづらいという側面もあります。

「セラー（Amazonマーケットプレイス）」は、事業者がAmazon上で自社の商品を直接販売する形式です。出品者は商品の価格設定、在庫管理、発送、カスタマーサービスなどを全て自社で行います。事業者が自社で販売プロセスをコントロールできる一方で、商品の出荷やカスタマーサービスなどの業務を全て自社で行う必要があるため、運用にかかる手間や労力がベンダーに比べて増す可能性があります。

「FBA（Fulfillment by Amazon）」は、Amazonが提供する物流サービスを活用する形式です。事業者はAmazonの倉庫に商品を預けることで、在庫管理、梱包、発送、カスタマーサービスの一部をAmazonに代行してもらうことができます。この形式では物流に関する負担を大幅に軽減できる一方、倉庫利用料や手数料が発生するため、費用対効果を慎重に検討する必要があります。物流面の強力な支援を得られる点で、特に急成長を目指す企業に適した選択肢です。

Amazonで戦ううえでの要点

「Amazonでどんな商品がプッシュされるのか」というロジックは明らかにされていません。しかし、HAKUHODO EC＋の経験則上、「売れているものがどんどんプッシュされ、さらに売れていく」という法則があるように感じています。これを言ってしまうと元も子もないように思えますが、生活者の心理を想像しながら、着実に「売れるための戦術」を実践していくことが最大の近道です。

例えば、「欲しいものができたらAmazonでとりあえず検索する」という人は、皆さんの周囲にも増えているのではないでしょうか。そんな「欲しいものをとりあえずAmazonで探してみる生活者」の目に留まるよう検索順位を上

げるためには、徹底したSEO対策が不可欠です。キーワードの最適化、商品タイトルや説明の改善、適切なカテゴリー設定や広告の出稿により、「自社商品が検索に引っかかるために何をできるか」を考えることが重要となります。

　また、Amazonに一気に人が集まる「Amazon Prime Day（プライムデー）」「Black Friday」などのビッグセールで売上を立て、商品認知を獲得することも重要です。ただし、ただセールに参加するだけでは、同様に売上獲得に乗り出している他社ブランドの中で埋没してしまいます。

- Amazonがプッシュしたい「売れそうな商品」になるため、セール前に露出を高めること
- アクセスの集中するセール初日とセール最終日に広告を厚く出稿すること
- 買い逃した生活者は一定数存在するので、セール終了後も割引クーポン等で割引を一定期間維持すること

　上記のような形で、ただ「セールに出せば売れる」と期待して待つのではなく、「売れるべくして売れる」環境を作ることも重要です。

　また、店舗でなくECを使う生活者のニーズに応えて大容量パッケージを取り揃えたり、定期便を活用して注文の手間を省くことで、顧客単価の向上を図ることもできます。

　そして、Amazonではカスタマーレビューが信頼の証です。質の高いレビューを増やすことが、コンバージョン率を上げる鍵となります。

　新商品ローンチ時には、「Amazon Vine先取りプログラム」という予約商品や新商品のサンプルを試した「Vineメンバー」にレビューを書いてもらうサービスを利用することができます。しかし、その後のレビュー獲得は企業努力にかかっています。商品の包装やアフターフォローなど、顧客満足度を高めることで、カスタマーレビューを着実に増やしていきましょう。

楽天市場の特徴

楽天市場は、日本最大規模のECモールです。楽天市場の大きな特徴は、企業が自社の独自店舗を開設し、ブランディングや販売戦略を自由に展開できる点です。事業者の参加形態としては「出店」形式にあたります。

配送を含めた全てを自社管理する必要があり、企業側のシステムとの連携が必要なケースがあります。

各店舗は、独自のデザインやプロモーション戦略を実装し、生活者とブランドとしての関係性を構築することができます。また、様々な生活場面で使える楽天ポイントが大きな魅力となっており、楽天ポイントを目当てに楽天市場での買い物を続ける生活者も少なくありません。

楽天市場で戦ううえでの要点

楽天市場では、定期的に開催される「楽天スーパーSALE」や「お買い物マラソン」が最大の集客チャンスです。事前にクーポンやポイントバックの設定を行い、大幅な値引きキャンペーンで目立つ存在になることが重要となります。

ポイント還元施策も有効です。楽天ポイントは全楽天サービスで使用でき、満足度が高いため、ポイント目的で買い物をする人は数多く存在します。ポイントバック率が高まる「5と0のつく日」や「スーパーDEAL」のようなイベントに積極的に参加することで、売上獲得のチャンスが発生します。

また、Amazonに比べて同梱物やメールなどのリテンション活動の自由度が高く、メールマガジンなどを用いたリピート促進施策を積極的に行うことも、有効な戦術になります。

Yahoo!ショッピングの特徴

Yahoo!ショッピングは、楽天市場同様「出店」形式を取るECモールです。Amazonや楽天市場に比べ、手数料が低く設定されていることが大きな特徴になります。特に、初期費用や月額固定費がかからないため、出店す

る際のハードルが低く、個人や小規模事業者にとって魅力的な選択肢となっています。また、Yahoo!ショッピングは、ソフトバンクやPayPayとの連携により、ポイント還元や割引キャンペーンを強力に推進しています。これにより、生活者はスマホ決済を含めた利便性の高い買い物体験を得ることができ、近年利用者が急増しています。さらに、Yahoo! JAPANのポータルサイトや検索エンジンからの集客力も強みとなっており、幅広い層の生活者にリーチできる点もメリットとなります。

Yahoo!ショッピングで戦ううえでの要点

Yahoo!ショッピングでは、Yahoo!プレミアム会員向けの特典やPayPayボーナスが付与されるキャンペーンを積極的に活用することが鍵となります。また、Yahoo!ショッピングにはタイムセール機能が存在します。

きめ細かい運用を行い、短時間での限定割引を仕掛けるのも有効な戦術です。特に週末や連休前など、生活者が活発に購買行動を起こすタイミングでの実施が効果的です。

ECモールを渡り歩く生活者

HAKUHODO EC+が実施した調査では、面白い結果が見えました。Amazon、楽天市場、Yahoo!ショッピングは完全に顧客が分かれているわけではなく、「三つのモールを併用している」という方が全体の12.4%に上りました（図4.2.4）。

この事実から、生活者が買い物をする場所を一つに決めているわけではなく、ECモールの特徴を踏まえてうまく使い分けていることがわかります。

以上が、「自社ECサイトとECモールの違い」と、代表的なECモールの特徴についての解説です。

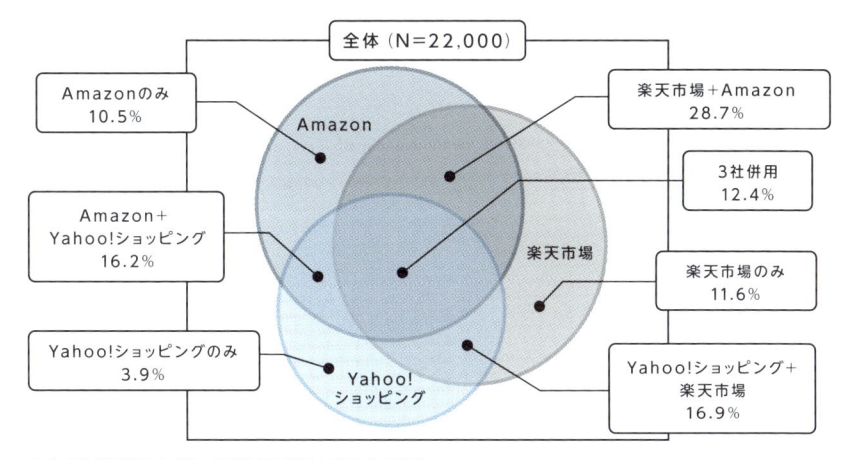

出典：HAKUHODO EC+「EC生活者調査」2021年6月より
　注：このアンケート結果は一般には非公表

図4.2.4　ECモール併用状況

ECチャネルの戦略的使い分け

　ここから、本章で扱う問いである「あるべきチャネルの使い分けって?」の答えとなる、「戦略的にECチャネルを運用するノウハウ」についてお伝えします。天然素材にこだわったスキンケア商品を販売する架空の企業「A社」を例に、具体例を説明します。

ECモールを活用した集客

　A社がECモールを利用する目的は、主に「新規顧客の獲得」と「ブランド認知の拡大」です。ECモールは、大手プラットフォームが持つ集客力と信頼性を活用できるため、特にブランドが成長途上にある企業にとっては非常に効果的です。A社は、Amazonベンダーと楽天市場に出店しました。

　初期は双方とも同じ商品による運用でしたが、運用2カ月目でチャネルごとに商品の売上傾向が違うことがわかりました。特定商品の売上が圧倒的に伸びていたAmazonでは、セール期にだけ売れる特定商品の単品を思い

切って値下げしつつ、大容量ボトルやリフィルパッケージも並べることで継続的な購買を促す戦略を採りました。

楽天市場では、売れている商品のページに他商品への回遊を促すバナーを設置するなどして、「ブランド全体としての認知を伸ばす」戦略を採用しました。さらに、楽天市場では購入者に対して次回購入時に自社ECサイトで使えるクーポンを同封するなどの施策を実施し、「ECモールで獲得した顧客を自社ECサイトに誘導する」という試みを実践しました。

こうした取り組みが実を結び、それぞれのチャネルで検索流入やランキングなどで自社商品を見つけてもらう機会が増え、ブランドとしての認知度が高まっていきました。また、モール内での購入レビューや評価が蓄積され、購買時にAmazonや楽天市場のレビューを確認されてもまったく問題ない状態を作ることができました。

自社ECサイトを活用したリテンション

一方で、ECモールは出店手数料が高く、プラットフォームのルールに従わなければならないため、A社はこのチャネルに依存しすぎないように留意して、商品戦略や施策を検討していきます。ここで重要になるのが、自社ECサイトの役割です。A社は、自社ECサイトを「ブランドの世界観を表現し、顧客との直接的な関係を築く場」とすることに決めました。

例えば、顧客に特別な価値を感じてもらうために、自社ECサイトでしか購入できない限定商品や、スキンケアに関する専門的な情報を提供するコンテンツを展開しました。さらに、顧客データを自社で管理できる特性を活かし、顧客特性を踏まえたセグメント別のメールマガジンやDMの送付など、データを用いたきめ細かいCRM施策を実施しました。

ECモールと自社ECサイトをつなぐ

A社の全体的なチャネル戦略プランは、「まずECモールを通じて新規顧客を獲得し、その後、顧客を自社ECサイトに誘導する流れを作る」というものです（図4.2.5）。モールではあえて定番商品や主力商品のみを販売し、より

豊富なラインナップやカスタマイズサービスは自社ECサイト限定で提供することで、生活者に「自社ECサイトでの購入メリット」を感じてもらいます。

このように、ECモールと自社ECサイトに異なる役割を持たせ、両者を連携させながら運用することで、A社は短期的な売上拡大と、長期的なブランド構築を同時に実現していくのです。さらにA社は、ECで得られた知見や顧客との接点を用いて、オフライン領域にも進出することになりました。SNSやリテールメディアなどの「マージナルタッチポイント」を活かして、オンラインとオフラインを統合した体験設計を行うため、店頭マーケティングの担当者と議論を進めていきます。

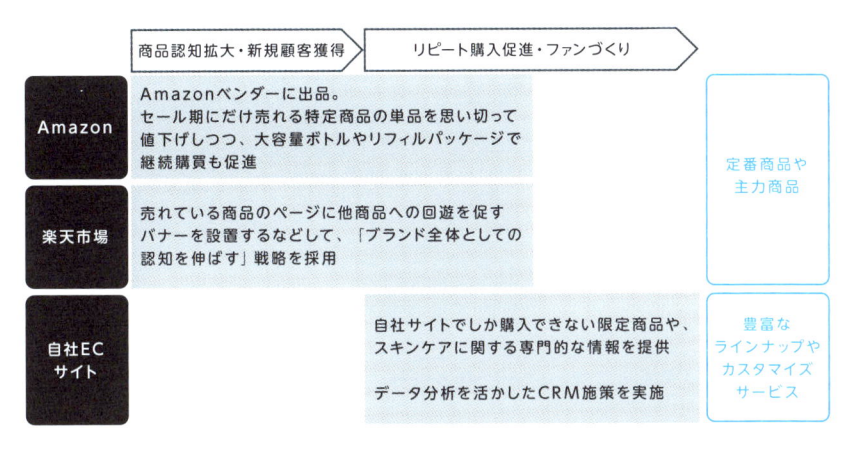

図4.2.5　A社のチャネル戦略プラン

この章では「チャネル戦略」をテーマに、「ECビジネスと店頭ビジネスを有機的につなぎ、シナジーを生む方法」「ECチャネルの特徴を正しく理解し、戦略的に運用するノウハウ」についてご説明しました。

次の章では、「失敗できない勝負所」であるECビジネスの事業基盤の設計について解説します。

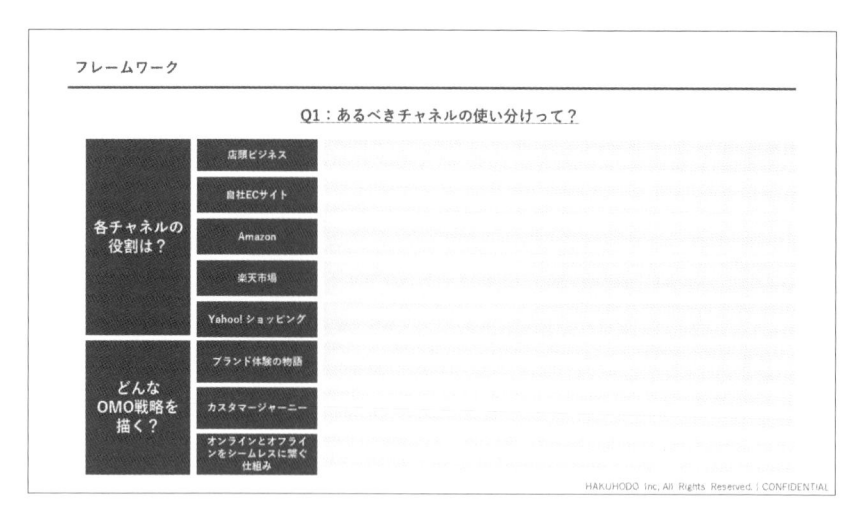

Q.1 のフレームワーク

第5章

Q.2 マーケティング視点で、 フルフィルメントをどう設計する？

ECビジネスの事業基盤の設計は、「失敗できない勝負所」です。一度導入したシステムを変更するにはコストも時間もかかります。ECカートシステムや物流パートナーの選定などの、事業基盤を設計する段階で、マーケティング観点とシステム観点を折衝した最適解を追求することが重要です。この章では、様々な企業のフルフィルメント設計を支援してきたHAKUHODO EC+だからこそ獲得できた集合知をお伝えします。

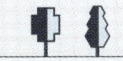

5.1

フルフィルメントを正しく理解する

フルフィルメントとは何なのか

ECに関わる業務を始めて、最初に定義や考え方に悩む領域が、「フルフィルメント」ではないでしょうか。

「フルフィルメント（fulfillment）」を直訳すると、「遂行・実現」という意味になります。通信販売やECにおける受注から出荷までのフローや一連の業務を指し、一般的に「顧客に商品が届くまでの最終工程」として捉えられています。

この「フルフィルメント」に対する論点は、人によって異なります。まず、本章では「フルフィルメント」が意味する内容を整理することから始めます。

HAKUHODO EC+では、フルフィルメントを「**商品が注文されてから、届け先に商品が届くまでに必要な一連の業務のこと**」と定義しています。フルフィルメントは「物流にまつわる業務」と解釈されることもありますが、それはどちらかというと3PL（Third（3rd）Party Logistics：サードパーティー・ロジスティクス＝物流代行の略）です。フルフィルメントは、さらに広く考える必要があります。

この章では、フルフィルメントの基本的な概念と、マーケティング視点を取り入れて事業基盤設計を行うことでいかに成功確率の高いビジネスを構築できるかについてご紹介します。

フルフィルメントの構成要素

フルフィルメントは、「コンタクトセンター」「ロジスティクス」「システム」の三つの要素に分けられます（図5.1.1）。それぞれの機能と役割を整理しましょう。

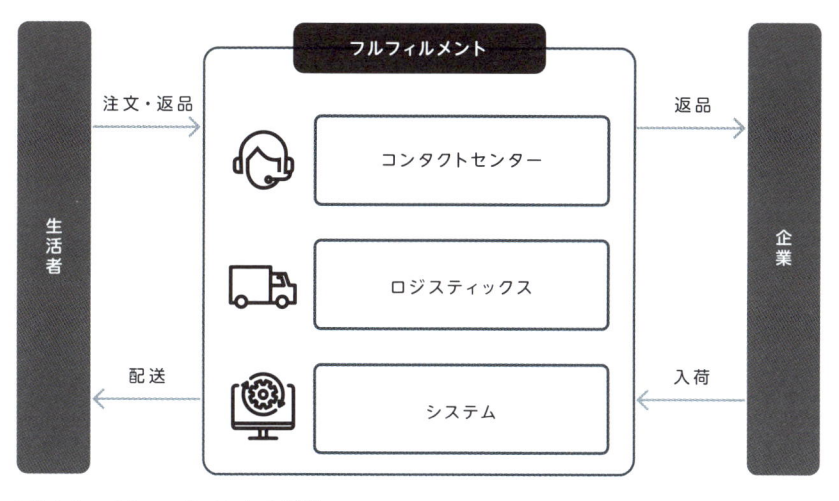

図5.1.1　フルフィルメントの機能

コンタクトセンターの機能と役割

　コンタクトセンターは、コールセンターやカスタマーサービスセンターと呼ばれることもあります。「商品不良や、何かしらの手続きが発生したときに、電話をかける」という役割を想像されるかもしれませんが、コンタクトセンターの提供する機能は多岐にわたります。ここでは、図5.1.2に示す代表的な三つの機能について説明します。

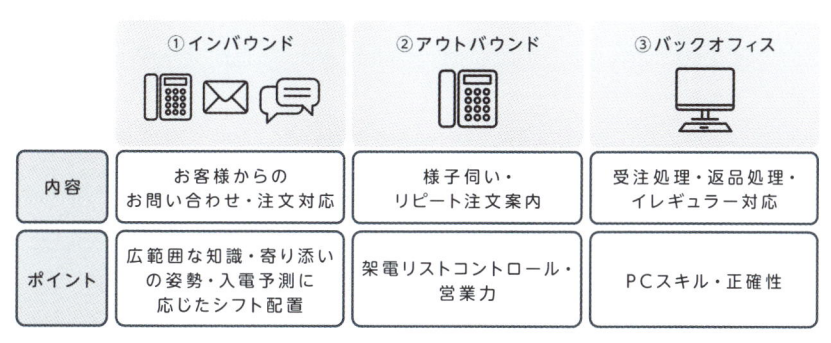

	①インバウンド	②アウトバウンド	③バックオフィス
内容	お客様からの お問い合わせ・注文対応	様子伺い・ リピート注文案内	受注処理・返品処理・ イレギュラー対応
ポイント	広範囲な知識・寄り添い の姿勢・入電予測に 応じたシフト配置	架電リストコントロール・ 営業力	PCスキル・正確性

図5.1.2　コンタクトセンターの主な機能

最初に、顧客からの問い合わせ・相談窓口としての「インバウンド」の機能について説明します。インターネットで情報収集をしたうえで問い合わせをする顧客が増えており、企業に対する問い合わせや相談内容は複雑化しています。そのため、対応する側には、より熟練した知識・スキルが求められるようになりました。昨今はチャットやメールなど、電話以外のコミュニケーションツールも増えてきており、様々なフォーマットで顧客に寄り添うスキルが必要となってきています。

　二つ目として、コンタクトセンターから積極的に情報を発信する「アウトバウンド」の機能が挙げられます。この機能にはクロスセルやリピート促進など、さらなる売上を獲得するためのものもあれば、「商品を適切に使用できているかのご様子伺い」のようなアフターケア・サポートにあたるものもあります。

　アウトバウンドによるセールス活動は、商品の魅力を直接伝えるうえで効果的ですが、顧客の日常生活に割って入る側面もあるので、注意が必要です。アウトバウンドのタイミングを間違えると、顧客満足度を著しく損ねてしまい、クレームにつながる恐れもあります。最適な顧客に、最適なタイミングで届けるための、きめ細かい運用が重要になります。

　この他にも、アウトバウンドには与信不備・商品未着といったトラブルへの対応も含まれます。

　三つ目として、EC事業運営においてシステム化（≒無人化）できない処理業務などをオペレーターが代行する「バックオフィス」の機能が挙げられます。これには、「受注処理」「返品処理」「イレギュラー対応」などが含まれます。「EC」というと、「システム化されている＝無人化されている」とイメージされることが多いかもしれません。しかし、様々なイレギュラーな事象への対応が発生しますし、外部システムとの連携を見据えると完全無人化できない部分もあり、最後は「人」が対応せざるを得ないのが実情です。AIやRPAなどの技術は進化しており、省人化できる傾向にはありますが、バックオフィス担当者の果たす役割はまだまだ大きいと言えます。

　コンタクトセンターには、その他にも研修担当、品質担当、人事採用担当、工数管理担当・営業担当などの組織機能が存在します。

「コールセンター」から「コンタクトセンター」へ

昨今、「コール」センターでなく「コンタクト」センターと称するのが一般的になったのは、顧客対応するチャネルが電話に限らず、Webフォーム、メール、チャットなどのチャネルが増えてきたことが背景です。これらのチャネルはコンタクトセンターでは「ノンボイス」業務と呼ばれ、様々なソリューションやサービスが各コンタクトセンター会社から提供されています。

「ノンボイス」業務においても、コール（音声対応）と同じレベルの顧客対応および体験を提供することが求められています。

ロジスティクスの機能と役割

ビジネス用語としての「ロジスティクス」は一般的に「物流」と訳され、「商品の調達」「生産」「保管」「配送」「返品」など、商品が届くまでのモノの流れを管理する仕組みを指すことが多いです。HAKUHODO EC+においては、「商品の梱包」「物流会社への荷渡し業務」のような倉庫管理に関連する業務に加えて、適切な商品確保や保管商品の管理などの「最適化する作業」も重要な要素であると考えており、ロジスティクスの要素に加えています。

「物流」と「ロジスティクス」の違いは、「戦略」の有無です。「物流」はあくまで一連のプロセスの機能にすぎません。一方で「ロジスティクス」とは、その一連のプロセスを適切かつ一元管理し、戦略的に実行することを意味します（図5.1.3）。ECから始めるマーケティングに貢献するフルフィルメントを実現するうえでは、後者の「ロジスティクス」の考え方に即して設計に臨むことが重要となってきます。

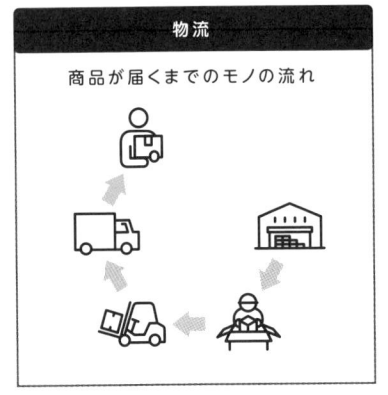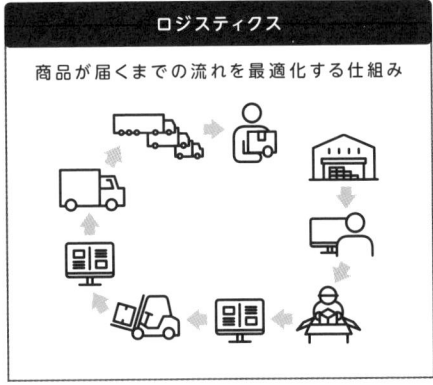

図5.1.3　物流とロジスティクスの違い

　ロジスティクスは、大きく五つの要素で構成されます（図5.1.4）。入庫から梱包、返品までの一連の流れに沿って解説していきます。

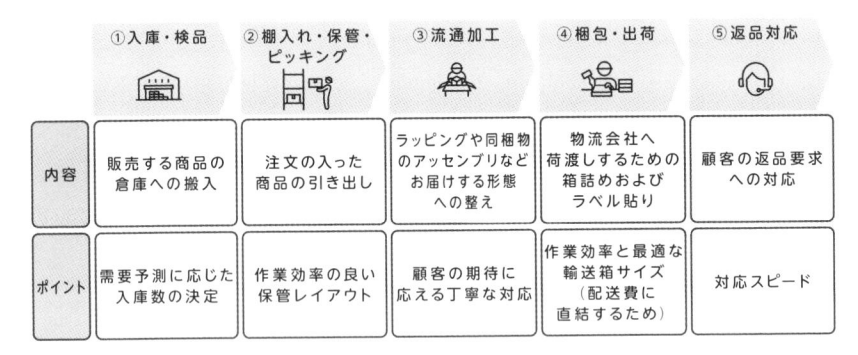

図5.1.4　ロジスティクスの機能

　一つ目の入庫・検品では、必要数の商品を倉庫に確保することが重要になります。システム上での入庫予定数と実際の入庫数のずれは、在庫管理やコストに直結する大きな問題になるため、厳重なチェックが必要です。

　二つ目の要素として、棚入れ・保管・ピッキングがあります。「ピッキング」とは、実際に注文が入った際に、その注文内容に応じた商品を取り出して作業現場に運び込むことです。商品とともに顧客にお届けする同梱物なども、

このタイミングで一緒に運び込みます。棚入れ・保管の際には、ピッキングの効率を維持するために保管レイアウトを工夫する必要があります。

　三つ目の流通加工は、箱詰めする前に必要に応じて組み立てたり、ギフトラッピングをしたりすることです。

　四つ目の梱包・出庫は、流通加工を施した商品を箱詰めし、封緘することです。

　五つ目の返品対応は、顧客から購入商品に対する返品依頼があった際に販売側が対応する、一連の手続きや措置のことです。慎重に取り組む必要がありますが、迅速かつ正確に対応することで顧客満足度や会社の信頼性、ブランド価値の向上につながる可能性もあり、ここも手を抜けない領域です。

　こういった作業がなされていく過程を具体的にイメージすることによって、きめ細かい設計を実現することが可能になるのです。

システムの機能と役割

　改めて言うと、「フルフィルメント」は、「ECビジネスのインフラ（事業基盤）」です。そのインフラを適切かつ的確に機能させるための基盤となるのが、システムです。「システム」についてもその定義は様々です。マーケティング部門とシステム部門が議論を交わしている際に、「すみません……今言ってる『システム』って、どのシステムのことを指していますか?」と議論が一度止まり、疑問が提示されることは少なくありません。

　フルフィルメント領域で議論に出る「システム」は、図5.1.5に示す①ECシステム、②決済システム、③物流システム、④コンタクトセンターシステムの4種類に大別されます。

　次項以降で、これらのシステムについて説明していきます。専門的な用語も多く出てきますが、事業全体を動かすうえでの共通言語として理解しておいて損はないので、お付き合いください。

主な機能	主なシステム	説明
①ECシステム	ECカートシステム （あるいは通販基幹システム）	ECページを作るCMS機能と受注決済および在庫管理機能が一体化したもの
②決済システム	決済代行会社の 提供するもの	売上の入金管理
③物流システム	WMS	在庫管理および注文情報の読み替え
④コンタクト 　センターシステム	CRMシステム （あるいは通販基幹システム）	顧客応対履歴の管理

図5.1.5　ECに関するシステムの種類

ECシステム

　主に、「ECカートシステム」のことを指します。注文を確定する前に「カートに入れる」ボタンがありますが、その「カート」を機能させるためのシステムです。ECカートシステムは、ECのフロントエンドを担うCMS機能と、バックエンドを担う受注決済機能や在庫管理機能が一体化（パッケージ化）したものです。

　オンラインチャネルの「EC」だけに限らずオフラインチャネル対応にも最適化され、広く事業運営の根幹を担う「通販基幹システム」を指す場合もあります。既存のシステム環境によって、「ECシステム」の指す範囲は様々であり（図5.1.6）、全体像を把握することが、システム設計の最適解を導き出すうえで重要となります。

　ここでは、「事業モデル」「事業スケール」「サービスレベル」などを勘案して、どのパターンを採用するのかを判断する必要があります。

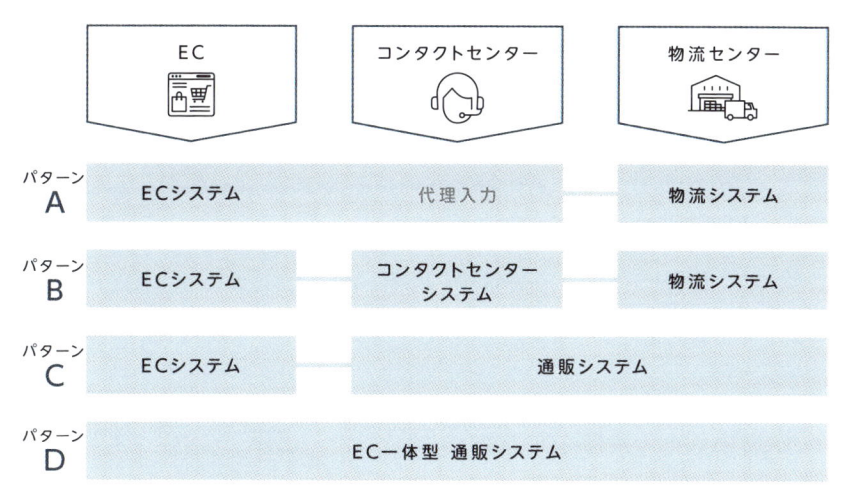

図5.1.6　ECシステムの編成パターン

決済システム

　顧客の注文によって上がる売上を、正しく入金管理するためのシステムです。この領域は金融業の範囲にあたるため、事業者としては決済代行会社が提供するシステムを契約して使うことが大半です。

　ここで重要になるのが、「どの決済手段を採用するか」という論点です。なぜなら、決済手段の幅広さは顧客にとっての「買いやすさ」「購入判断」に直結し、購買体験を左右する要素だからです。旧来はクレジットカード払い、後払い、代引き払いが主流でしたが、昨今はこれらに加え、各種プラットフォーマーが運営するキャッシュレス決済、キャリア決済、分割払いなどの手段が採用されるようになり、多様化しています。決済手段が増えることは、決済システム領域でのコストが増えることを意味します。決済手段の検討においては、売上とコストの両方に配慮する必要があります。

物流システム

　物流の現場運営に必要なシステムです。物流領域は一定の売上規模に

なればWMS（Warehouse Management System）という、倉庫や物流センターなどで在庫と物流プロセスを効率的に管理するための専門的なソフトウェアシステムが導入されている場合が多いです。注文を受け付けるECカートシステム、あるいは通販基幹システムからWMSに注文情報が連携され、物流センターではWMSから抽出されるピッキングリストを基に作業を行います。

コンタクトセンターシステム

コンタクトセンター領域のシステムで最も重要なのが、「顧客状態を迅速に把握し、顧客応対履歴を残しておけるかどうか?」です。CRM（Customer Relationship Management）システムが顧客応対用に導入されることもあり、前述の通販基幹システムにはこの機能が含まれていることが多くあります。

「WMS」と「CRMシステム」はいずれも、各種システムと連携して初めて機能するものです。システムを有機的に機能させるために、連携を見据えた要件定義が必要となります。

フルフィルメントを構成する三大要素「コンタクトセンター」「ロジスティクス」「システム」について詳しく解説しました。この定義を念頭に置きながら、フルフィルメントの重要性について考えていきましょう。

• Column •

「要件定義」とは

「要件定義」とは、プロジェクトを始める前に「どんなものを作るか」「それが何のために必要か」を明確にする作業です。システム開発での要件定義も同じように、事業主や利用者が「何を必要としているか」を理解し、システムがどう機能するべきかを具体的に決めていくプロセスです。

このプロセスをしっかり行うことで、後々の誤解やトラブルを防ぎ、期待通りの成果物を作り上げることができます。

事業基盤（インフラ）としてのフルフィルメント

　フルフィルメントは、集客や販売などのマーケティング活動とは切り分けて考えられることが多い領域です。しかし、商品のお届けは生活者との直接接点としての役割を果たしていますし、受注などを支えるシステムの構築は集客や販売のマーケティング活動を支える役割を担っています。

　そのため、HAKUHODO EC+では、**フルフィルメントを集客から出荷に至るまでの全局面に関わるインフラとして捉えています**。つまり、事業運営に必要なタスクや機能の「最終ランナー」ではなく、全体の足元を支える「陸上トラック」のような役割を担うものとしています（図5.1.7）。

　陸上トラックが整備されていなければ、どんな俊足ランナーも良い走りを見せることはできません。フルフィルメントを整えることは、EC事業のスムーズな成長を支えることにつながるのです。

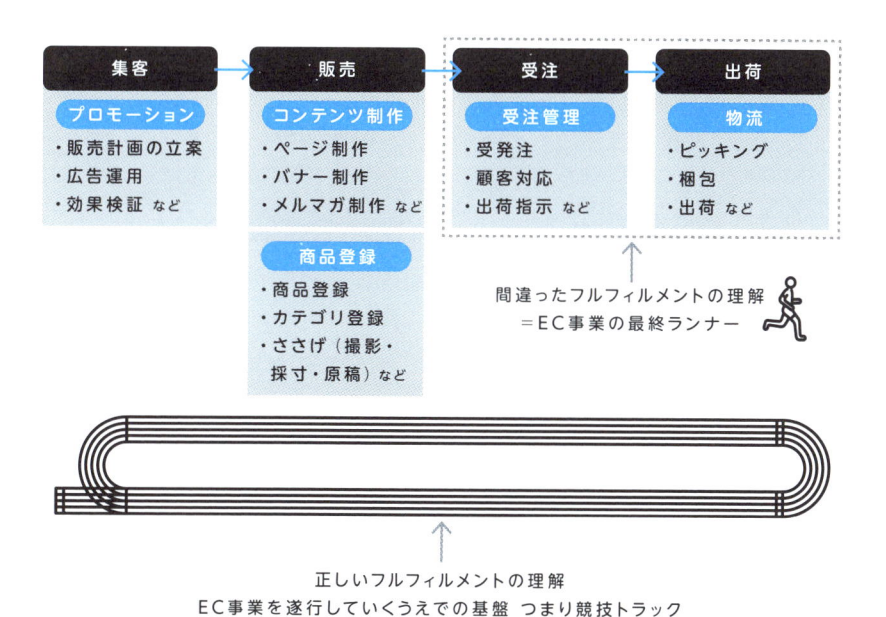

図5.1.7　フルフィルメントの役割

フルフィルメントの事業貢献

　フルフィルメントの事業への貢献の仕方は、「コストへの貢献」と「マーケティングへの貢献」の二つに大別されます。

コストへの貢献

　フルフィルメント領域は、コストの議論と切り離すことはできません。特に、昨今課題となっている、日本の人口減少による労働力不足や燃料輸入コストの増加などを考えると、人件費、設備費、燃料費、賃料、光熱費などのフルフィルメントに関わるコストは、ますます高騰することが見込まれます。加えて、この領域のコストは事業規模拡大に比例して増えることが多く、事業が大きくなればなるほど負担も増え続け、悩みの種となりやすいのです。

　フルフィルメントの工夫によるコスト貢献の形として、

・店舗受取を活用し、配送費を抑制する
・AI等の技術を用いて、必要人員を削減する
・大容量品や複数商品のセットを提供し、配送回数を減らす

などが考えられます。

• Column •

フルフィルメントを意識した商品づくり

　近年、「常温で保存できるシャーベット」が、お中元商戦で話題となりました。これもまた、フルフィルメントのコスト貢献を想定したアイデアと言えます。

　食品ECビジネスにおいて、冷凍保管やクール便を使用するには大変なコストがかかります。冷凍保管・クール便配送なしでお中元商戦に乗り出すための武器として、「常温で保存できる」というアイデアが生み出されたのではないか？と推測しています。

マーケティングへの貢献

フルフィルメントは、「コスト領域に関わる論点」として語られる傾向にあります。売上を伸ばすための「攻め」の領域というより、「守り」の領域として捉えられがちです。しかし、フルフィルメントの工夫によって売上増に寄与することは可能であり、「フルフィルメントはマーケティング領域とも深く関わる論点である」とも言えるのです。

- ・ECビジネスへ進出する企業・ブランドが増え競争環境が激しいこと
- ・商品開発のサイクルが短期化し、斬新な商品・サービスがすぐに「ありふれたもの」になってしまう（コモディティ化する）こと
- ・コミュニケーション技術の進化により、多くの企業が顧客との対話を高水準で実現しやすくなったこと

上記のような様々な事情から、ECビジネスの競合との差別化はますます難しくなっています。そんな状況下では、「**フルフィルメントにしっかりと投資および改善施策を投じること**」が、「**競争優位性を維持する裏技**」として効果的です。

あなたが買い物をするときを思い浮かべてみてください。商品注文を完了するまでの時間や商品が届くまでの時間の長さ・決済の手軽さは、意外と「買い物の満足度」を左右しているのではないでしょうか。「一日でも早く商品を届けること」や、「1クリックでも少なく注文完了できるようにすること」「一つでも多く決済手段を提供すること」は、顧客満足度の向上によるリピート率の向上など、マーケティング強化につながる施策なのです。

しかし、多くのマーケティング担当者はこうした「フルフィルメントによる顧客体験の改善」を過小評価してしまいがちです。コミュニケーション戦略や広告戦略と同様、フルフィルメント領域の強化は重要なのです。

一度投資すれば、全領域の実力を底上げしてくれるにもかかわらず、まだ多くのマーケティング担当者がその重要性に気づき切れていないフルフィルメント領域。この設計がECビジネスの成否を分けるモノになっています。

次の節からは具体的に、マーケティング目線でフルフィルメントを設計するノウハウについてお伝えします。

5.2

マーケティング目線での
フルフィルメントの設計とは？

「生活者の買いやすさ」を支えるフルフィルメント

　フルフィルメントを構成する「コンタクトセンター」「ロジスティクス」「システム」の3領域は、コスト面から語られる傾向にありました。そのため、「事業として必要だが、なるべくコストを抑えて運用したい」といった感覚のEC事業担当の方が多くいらっしゃいます。さらに言えば、「注文が発生した（する）際に必要な機能」でしかなく、「商品やサービスに対してどのように顧客に関心を持っていただき、どのように顧客に注文いただくのか」といったマーケティング領域とは縁遠い存在として捉えられることもしばしばありました。

　これは、「マーケティング領域は、マーケティング部門の考えるべき論点」という暗黙の了解があり、フルフィルメントに関わる組織の目標が「コスト削減」であることが多いのに起因しています。

　もちろん、現実的な役割分担は重要です。その一方で役割が「分断」してしまうと、事業成長のための最適解からずれたフルフィルメント設計が生み出されてしまうリスクがあります。

　本来、フルフィルメントは単に受注～出荷の遂行ではなく、集客～販売の施策効果にも影響を与えるものです（図5.2.1）。その意識を持ってフルフィルメントを設計することが、マーケティング部門以外の担当者にも求められています。

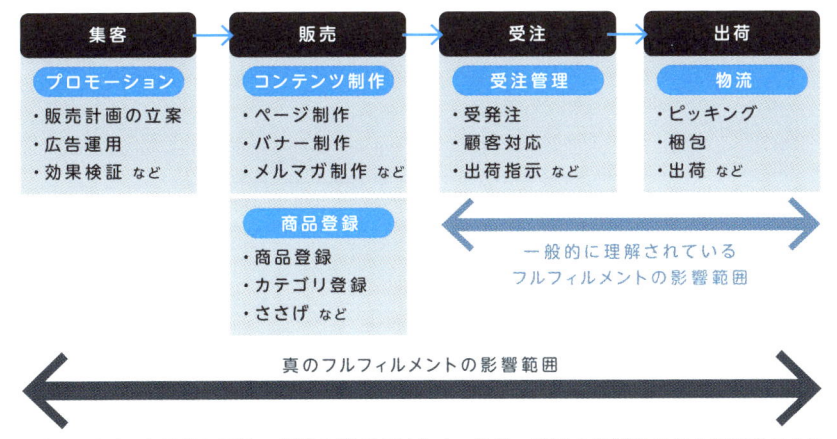

図5.2.1　フルフィルメントの影響範囲

　さらに、フルフィルメント領域の改善効果は、半永久的に続くことが期待できます。「どのようなマーケティングメッセージを発するべきか」などの、マーケティング文脈で語られてきた論点は、市況や競合ブランドの動きによって変化します。しかし、**根本的な「買いやすさ」にアプローチするフルフィルメント改善が生み出す快適な購買体験は、時代やトレンドを問わず共通のものである**からです。

　今後、時流やトレンドの変化がさらに激しくなり、予測が難しくなっていく中で、「買いやすさへのアプローチによる不満解消」に投資する価値は、ますます上がっていくと考えます。フルフィルメントの構成要素のうち、5.3で別途説明する「システム」を除く、「コンタクトセンター」「ロジスティクス」という二つの領域について具体的な例で説明していきます。

コンタクトセンターの歴史

　コンタクトセンターの戦略的活用について説明する前に、ここでコンタクトセンターの歴史について説明しておきます。

　以前のコンタクトセンターの役割は、「クレーム対応」と結びつけて語られ

ることが多かったように思います。そんな中、化粧品、健康食品、食品などの単品リピート通販（同じ商品を毎月購入いただくことを前提としたビジネスモデルの通販）が増え、「定期コース」モデルが浸透してくると、その様相が変わります。長く顧客に買い続けてもらうために、顧客満足度を向上させる必要が出てきたのです。

このあたりから、コンタクトセンターは単なる「クレーム窓口」ではなく、顧客の悩みに幅広く対応する「お悩み相談窓口」に変わり、さらに顧客の潜在的な悩みを引き出す「カウンセリング窓口」へと変わりました（図5.2.2）。

今やコンタクトセンターは、「商品・サービス不満の解消」ではなく「良質な顧客体験の創出を担う場所」に進化しています。「カスタマーサポート」から「カスタマーサクセス」への転換とも言えるでしょう。

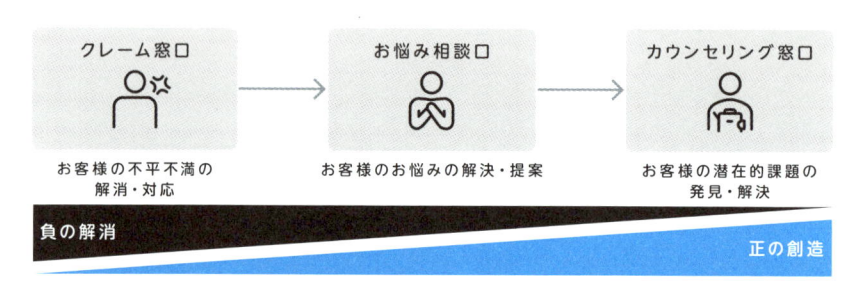

図5.2.2　コンタクトセンターの価値変遷

こうした歴史を見ると、コンタクトセンターがマーケティング領域においても重要な意味を持つことがわかるのではないでしょうか。EC事業でマーケティングに向き合う担当者は、コンタクトセンターと向き合うことで顧客の潜在的な悩みを把握し、それに応じた顧客体験をプロデュースできるのです。

コンタクトセンターで「良質な顧客体験」を創り出す

「良質な顧客体験」には二つの視点があると考えます。一つは「顧客の問いへの対応」の視点。もう一つは、「集まった問いの事業活用」の視点です。

一つ目の「問いへの対応」は、顧客の問いに対して**エフォートレスに対応できる仕組み**を用意しておくことです。エフォートレスとは、直訳すると「労力を要さない」という意味です。ここ数年、コンタクトセンターの領域に関わる中で、頻繁に耳にするキーワードです。顧客が問題解決や情報入手をストレスなく行えるように、問い合わせの手間や時間を最小限に抑える取り組みのことを意味します。例えば、「問い合わせの電話をしたら、何も聞かれなくても自分の注文履歴や状況を理解したうえで対応してくれる」という体験はもはや当たり前になっています。

　HAKUHODO EC＋が支援している企業においては、「深夜にもかかわらずチャット対応を的確にしてくれた」「自分が解決したかった問題に的確に答えてくれるFAQがあり、わざわざ問い合わせしなくても済んだ」などの水準が、「顧客満足度向上につながる体験」として挙げられることが多いです。

　二つ目の「問いの事業活用」の代表例が、VOC（Voice of Customer）です。顧客の生声を経営や事業計画、マーケティング活動などに活かしていくというものです。「VOCを月に一度の経営会議で必ず回覧する」「VOCが経営層に上がるスピードを高めるため、コンタクトセンター組織を社長室直下に置く」などの対応をとっている企業も出始めています。

　さらに、「新人研修の一環として、新人を顧客相談室に一定期間配属し、生声（VOC）を学ぶ機会を与える」「自社サービスに関わるSNS投稿がされると、即時に全社員に共有される」など、現場レイヤーにまでVOCを行き渡らせる試みをしている企業様も少なくありません。VOCは、ECビジネスという「生き物」の健康状態を測る指標と言えます。

VOC活用のための技術、サービス

　VOC活用を促進させる様々な技術やサービスが、続々と開発されてきています。音声の自動テキスト化や、テキスト化された情報のデータ利活用（テキストマイニング）、AIによるVOCの自動振り分けおよびエスカレーションなどが代表例として挙げられます。こうした技術を用いて、VOCを単なるお問い合わせ履歴として保管しておくだけでなく、事業成長に利活用することをHAKUHODO EC＋では推奨しています。

昨今、「顧客による悪質なクレームなどのカスタマーハラスメントに対して、毅然とした態度をとる」という声明を出す企業が相次ぎました。「顧客の声を画一的な反響として扱うのではなく、大切にすべき声と対応すべきでない声に分別すべき」という考え方も重要です。「良いVOC」と「悪いVOC」を見極めるためにも、先述の技術やサービスの活用は重要な役割を果たします。

ロジスティクスは「貴重な顧客接点」

　ECビジネスにおいては特に、「ロジスティクス」が威力を発揮します。なぜなら、**顧客がECで商品を購入した後の「最初の物理的な接点」が商品到着の瞬間だからです**。店頭ビジネスにおいては、商品購入の前に販売員と会話したり、自分の目で商品を確認できたりします。一方、ECビジネスにおいては「物理的な接点」を持つことが難しいです。そのため、「最初の物理的な接点」を作り上げるロジスティクスが重要なのです（**図5.2.3**）。

　「物流」ではなく、「ロジスティクス」と称するのは、このように機能を総合的かつ戦略的に組み立てる特徴があるためです。

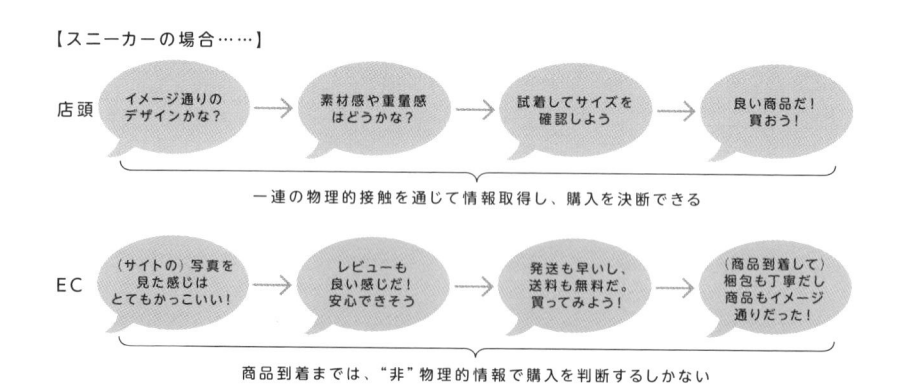

図5.2.3　店頭とECでの購買体験の違い

開封の儀を演出する

ここ数年、EC関連でSNS上でも話題になることが多いキーワードが、「Unboxing」です。日本語に訳すと、「**開封の儀**」です。このキーワードを動画サイトで検索すると、商品が到着してワクワクしたユーザーが楽しそうに商品箱を開封する様子が投稿されています。

「商品到着」「商品箱を開封する瞬間」は、おそらく顧客にとって商品・サービスに対する期待値が最も高まり、最もポジティブなマインドに溢れる瞬間です。そう考えると、この瞬間を充実させるための努力は怠るべきではありません。

例えば、「顧客がお気に入りのネイルをしていても無理なく開けられる段ボール形状」や「開封した瞬間に購入した商品が綺麗に鎮座する荷姿」、「購入した顧客の気持ちや、状況を慮った同梱物」など、想像力の限りを尽くし、「ECで買い物をしてよかった」と顧客に思っていただくための努力を注ぎ込むべきです。こうした「開封の儀」のような顧客体験はSNSなどを通じて拡散され、PR効果を生み出します。これぞまさに、フルフィルメント改善がマーケティング効果を生み出す好例と言えるでしょう。

決して「とんでもないサプライズを仕掛けよう」という話ではなく、顧客の気持ちや状況を考え抜き、ストレスなく商品・サービスの魅力が伝わるようにすればよいのです。

物流業界の変化への対応

さらに、本書執筆時点で注目されているのが、「物流2024年問題」です。以前からトラックドライバーの高齢化や燃料費の高騰が重要課題となっていた物流業界に、「トラックドライバーの時間外労働が年960時間に上限規制される」という法規制が加わりました。これにより、輸送能力の低下は避けられなくなりました。これまで配送会社や住宅設備会社が主導して、「再配達の抑制」や「配送効率の最適化」に取り組んで来ましたが、ECやデリバリーサービスの利用増加による輸送物の増加に対応が追いついていないのが実情です。

物流領域はモノとヒトが動かざるを得ず、デジタル化やシステム化、AI化による業務変革が効きにくく、事業規模すなわち出荷量と比例して輸送物の量が果てしなく増加していきます。常に世の中の状況を踏まえた対応が求められる領域なのです。

　その状況を踏まえて、各企業が「商品発送前の念入りなお届け予告」「置き配など手渡し以外のお届け方法導入」「再配達回避へのインセンティブ付与」など、世の中の生活者変化に対応するための様々な工夫を凝らしています。購買完了から商品到着までの顧客体験をより豊かにするサービスなども、続々生まれています。

フルフィルメントはEC事業の最前線

　ここまで、EC事業のフルフィルメントの中心となるコンタクトセンターとロジスティクスについて、具体例も交えながら解説してきました。フルフィルメント構成要素の最後の一つ、「システム」については、次節「顧客を見据えたシステム設計・開発」において説明します。

　改めて内容を復習しておきましょう。

　HAKUHODO EC+では、「**フルフィルメントはEC事業の最終ランナーではなく、競技トラックである**」と考えています。EC事業の基盤として、フルフィルメント設計を行うことが重要です。売上貢献や成果最大化を重視する「マーケティング脳」と、コスト圧縮や業務効率化を重視する「フルフィルメント脳」を自由に行き来しながらフルフィルメント設計を行っていくことが、事業成長の鍵となります（図5.2.4）。

　双方の特徴を理解した組織連携を行うことで、フルフィルメントを「単なる必要機能」ではなく、「顧客を創り出し、顧客満足度を向上させる重要なドライバーである」と捉える考え方が浸透していくでしょう。

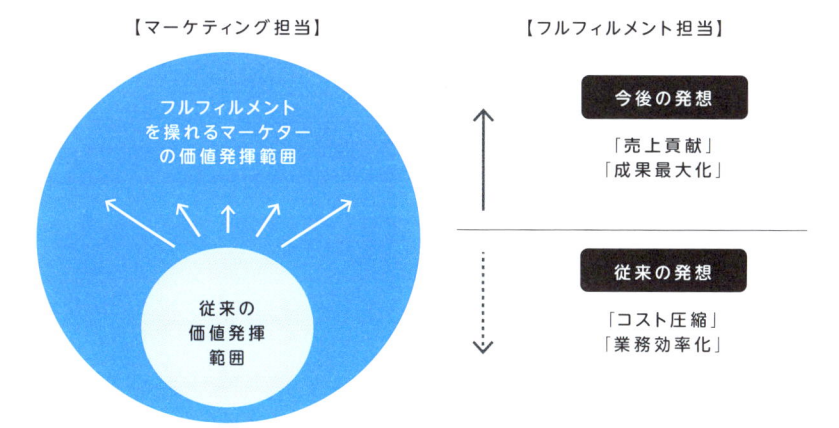

図5.2.4　マーケティング脳とフルフィルメント脳

5.3
顧客を見据えたシステム設計・開発

顧客目線がないECシステムプロジェクトは、どうなるか？

これまで、ECビジネスにおけるフルフィルメントの重要性について説明をしてきました。

本節では、フルフィルメントをはじめとするECシステムプロジェクトで陥りがちないくつかの失敗例に触れつつ、HAKUHODO EC+ならではのシステム設計・開発アプローチを紹介いたします。

過度に細分化したプロジェクトスコープ

以前は「コスト領域にだけ関わる論点」として扱われてきたECシステムは、企業活動や顧客体験にとっても重要な事業基盤として認識され始めました。

これにより、ECシステムに期待され、求められる要件も増え続けています。求められる要件全てに答えようとするがあまり、**ECシステム導入のプロジェクト自体が重厚長大なものになるケースが増えてきています。**

その状況においては、「目前のプロジェクトの成功確率を上げるため、業務スコープを小さく切り出す」という考え方になりがちです。プロジェクトスコープを小さく切り出し細分化することには、「タスクやアウトプットなどを整理しやすい」「スケジュールとして精緻に落とし込みやすい」といったメリットがあります。しかし、「プロジェクトの全体像を見失いやすい」というデメリットもあります（図5.3.1）。

担当部門やパートナー会社も、スコープが細分化されるのに従って増えていき、連携コストも増大していきます。例えば、「この機能を改善したい」という論点一つを議論するために、「どの部門、パートナー会社に声をかければいいか」を検討するために時間を使ってしまうという、本末転倒な事態もしば

しば起きてしまいます。

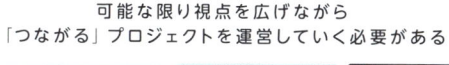

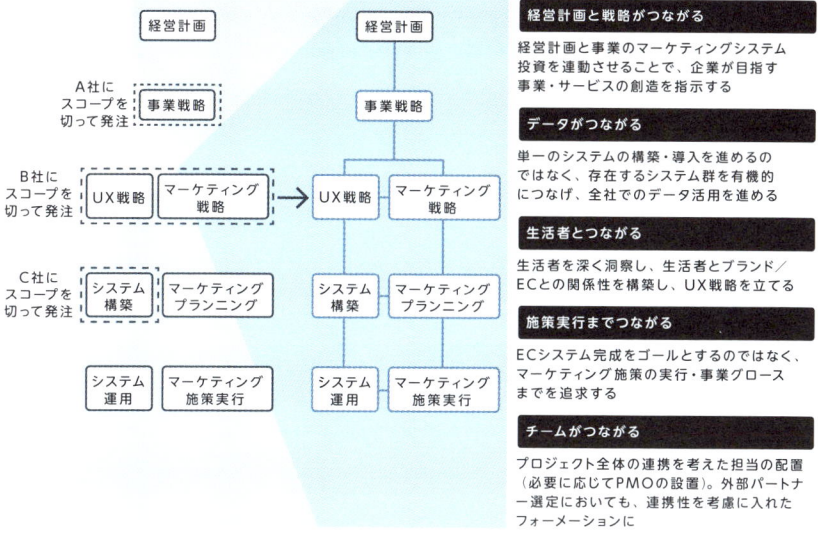

図5.3.1　過度に細分化したプロジェクトスコープ

システム目線に偏ったプロジェクト推進

　日本のビジネス現場で「システムプロジェクト」と呼ばれるものは、IT部門を中心に推進されてきた歴史があります。顧客体験に直接関与するケースの多いECシステムにおいても、マーケティング部門は関わらず、関わったとしてもオブザーバーとして参加するケースがとても多かったのが、日本におけるECシステムプロジェクトの実情でした。

　そのため、顧客目線の設計・開発が求められるECシステムプロジェクトでも、事業コストやシステム開発目線の課題だけを想定したプロジェクト推進がなされた結果、リリース後のビジネス成果に頭を悩ませる企業が後を絶ちませんでした。さらに、失敗したプロジェクトをリカバリーするべく、ECシステムを刷新するプロジェクトが雨後の筍のように全国各地で生まれては、消えていきました。

システム開発目線のみで最適化されたプロジェクトでは、どういった問題が起きるのでしょうか。

　ECビジネスの売上構成比が大きい事業においては、「システムが計画通りリリースできるかどうか」が企業の死活問題です。システムが動かなければ、顧客が商品を買うことがそもそもできないからです。

　こうした環境では、IT部門側の目線で見ると、「リスクの少ないプロジェクト計画を作ること」が最も重要な目標となります。そうなると、なるべく個別でカスタマイズされた要素を減らし、ECパッケージや利用ツールが提供する「標準機能」の範囲内にシステム要件を限定することで、プロジェクトで発生するタスクをシンプルにすることが優先されてしまいます。

　その理由は、「トラブルリスクを回避するため」です。コロナ禍以降、様々な企業で古いシステム基盤が寿命を迎え、新基盤への刷新・移行プロジェクトが推進されています。その中で、いくつかの甚大なシステムトラブルがニュースメディアでも報道されています。

　こういったシステムトラブルが起きてしまう要因の一つとして、「日本企業の各種システムが、個別カスタマイズを過度にやってきたこと」に原因があると推察します。既存のシステムが個別にカスタマイズされ過ぎているがために、システム移行時の要件も複雑化してしまっているのです。そうなると、機能の連携が想定通りにいかず、システムトラブルが起きてしまいます。そういった歴史的な反省もあり、IT部門の専門家たちは、なるべくパッケージの標準機能を活かしてECシステムの設計・開発を進める傾向にあります。

　一方で、標準機能だけでは顧客が求める「購買体験」の水準に達することはできません。非常に難しいことではありますが、「**トラブルリスクを下げつつ、顧客満足度を上げる**」という「**システム開発目線と生活者目線のバランスをとるための動き**」（図5.3.2）が、ECシステムの設計・開発を進めるうえで重要になるのです。

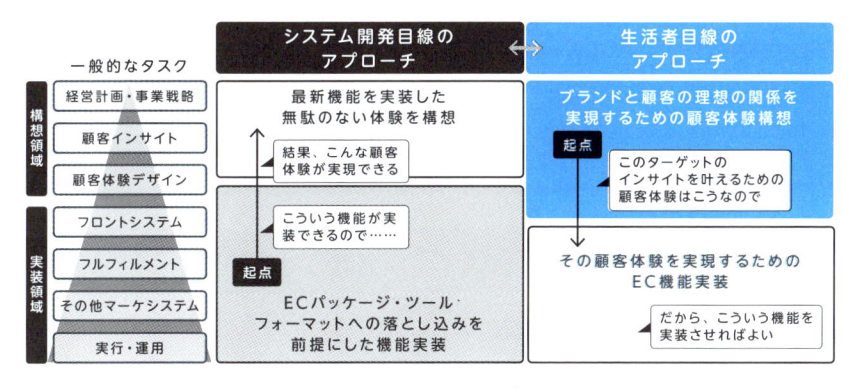

図5.3.2　システム開発目線 + 生活者目線によるプロジェクト運営

運用性/拡張性の著しく低いECシステム基盤

　ECシステムに限らず、あらゆるシステムはリリースして終わりではありません。「システムリリース後、適切に運用することでビジネス成果を生み出していかなければならない」という意味で考えると、システムリリースがむしろスタート地点だとも言えます。

　しかし、多くのECシステムプロジェクトでは、リリース後に様々なトラブルが発生し、正常にシステムが運用できなかったり、それゆえにビジネス成果が出せなかったりするケースが散見されます。

　こういったトラブルはなぜ起こるのでしょうか？ 多くのトラブルの原因となっているのは、**マーケティング部門、システム部門、オペレーション部門での意思疎通不足**です。

　よくあるトラブルとしては、「リリース後にシステムを受け渡されたオペレーション部門が、システム運用をするために必要なリソースやスキルセットを持っていない」というケースです。

　例を挙げて考えてみましょう。 様々な顧客体験やCRMの提供が自由にできるハイスペックなECシステムは、一見、魅力的に感じます。しかし、そういったシステム基盤を使いこなすためには、データベース言語への深い理解が必要です。 データベース言語を解読できる人材はまだまだ限られており、

自社だけで補えないケースも多々あります。

　ハイスペックな仕様ゆえに、適切にオペレーションを回せなかったり、それを補填するための外注領域が増えることで、現場担当者にコミュニケーションコストなどの負荷がかかるという現象が、ECシステム運用の現場で多発しています（図5.3.3）。

　このようなケースを避けるためには、事前にオペレーション計画も加味したシステム設計・開発が必要になります。現実的にオペレーション部門が提供できる調達可能人員やスキルセットを確認しつつ、無理なく運用可能なシステムに落とし込むためには、マーケティング部門、システム部門、オペレーション部門が逐次コミュニケーションをとりながらプロジェクト推進をする必要があります。

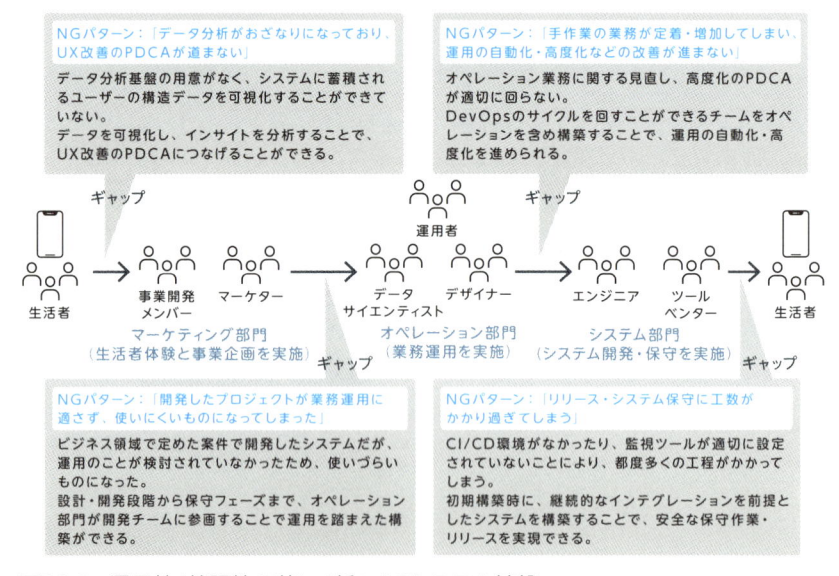

図5.3.3　運用性/拡張性の著しく低いECシステム基盤

一般消費財企業でのトラブル事例

　ここまで、いくつかの「ECシステムプロジェクトの失敗例」について触れてきました。ここでは架空の企業を例にどんなトラブルが起きるのか、具体例を説明します。

　化粧品やスキンケアブランドを販売するA社では、新しいビジネスカテゴリーに進出するため、新ブランドを開発し、EC上で商品を販売していくことを計画していました。

　新ブランドを立ち上げるために、様々な担当部門（商品企画、研究開発、マーケティング、ITなど）や、外部パートナーを巻き込みながらプロジェクト推進をしていきます。しかし、リスク回避のため各プロジェクトが細切れにされてしまい、結果、プロジェクト間の連携が困難になってしまいます。「ブランドマーケティング担当会社」「ECシステム開発・保守会社」「ECシステム・CRM運用会社」「運用広告担当会社」と、領域ごとに異なるパートナーが採用されただけでなく、事業社側にもパートナー側にも、プロジェクトを横断的に支援するPMO機能が設置されなかったため、連携がとりづらい環境になってしまいました。

　こういった状況でプロジェクトが進む中、なんとかECシステムはリリースができたものの、本来必要であった様々なビジネス要件が欠けたシステムとなっていたのです。

　マーケティング部門としては、顧客のリピート率改善のために「顧客向けにWeb上でカウンセリングを実施する」「その診断結果に応じた適切な商品オファーやライフスタイル情報を、メールやLINEを通じてご案内する」という顧客体験を実現したいと考えていました。

　しかし、その詳細なシナリオをシステム部門に共有できていなかったことにより、顧客体験を提供するための機能要件が初期リリースから漏れてしまいました。当面は「各運用担当者が複数システムからデータを手動抽出し、配信リストを作成する」という現場担当者に負担のかかる状況に陥り、並行してマーケティングオートメーションツールの導入を検討するという事態が発生しました。

　システムリリース後も、目先の売上を作るための機能開発が場当たり的に

開発チームにリクエストされ、システム保守という観点でもリスキーな改変が行われることになってしまいました。

HAKUHODO EC＋流のシステム設計・開発アプローチ

ここまで触れてきた「ECシステムプロジェクトの失敗例」および「トラブル事例」を踏まえ、HAKUHODO EC+として提供しているECシステムプロジェクトの設計・開発アプローチをご紹介いたします。

「マーケティング」「システム」「オペレーション」の三位一体チーム

多くの失敗プロジェクトは、組織間の分断によって適切な連携がとれなかったことにより発生しています。しかし、原因はわかっていても、「マーケティング」「システム」「オペレーション」それぞれの領域で高度な専門性が求められる中、領域横断的に全てを統括できる人材はそうそう見つかるものではありません。また、関係会社が増えれば増えるほど、統括の難易度は上がっていきます。

そうした課題に対し、我々HAKUHODO EC+では「マーケティング」「システム」「オペレーション」の三位一体チームをワンストップで提供することで、課題解決を試みています（**図5.3.4**、**図5.3.5**）。

「EC戦略立案」「システムとテクノロジーの導入」「施策の実行と運用」など、プロジェクトをまとめ上げるうえで必要なスキルセットを有するチームが、一貫してプロジェクトに並走します。このチーム体制により、プロジェクトを推進するうえで避けて通れない領域横断を容易にし、断絶が起こりがちな意思決定者と現場担当者、技術主幹とマーケティング主幹の隙間を埋め、プロジェクトを円滑に進められるようになります。

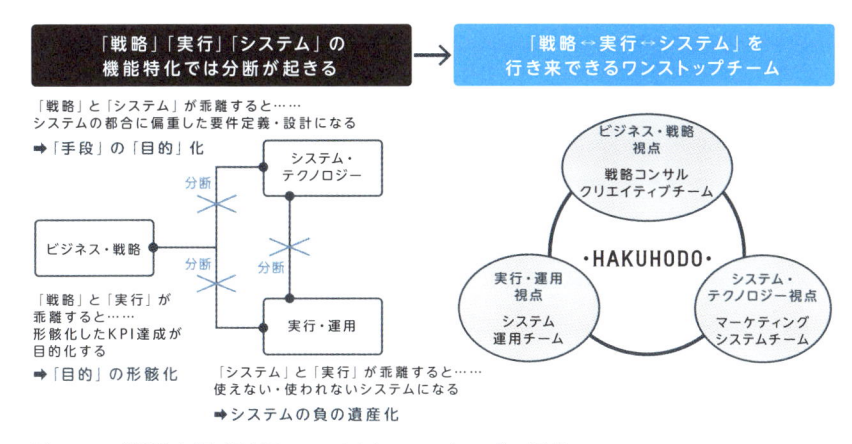

図5.3.4　「戦略」「実行」「システム」をワンストップで提供

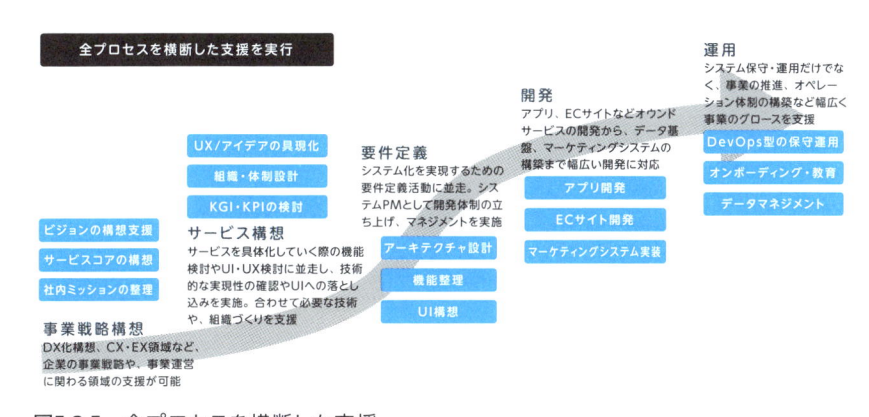

図5.3.5　全プロセスを横断した支援

　この章では、事業基盤となる「フルフィルメント」の定義や、マーケティング目線でフルフィルメントを設計する考え方についてご紹介しました。次の章では、「事業の寿命を決める」事業計画やKGI・KPIの設計方法について解説していきます。

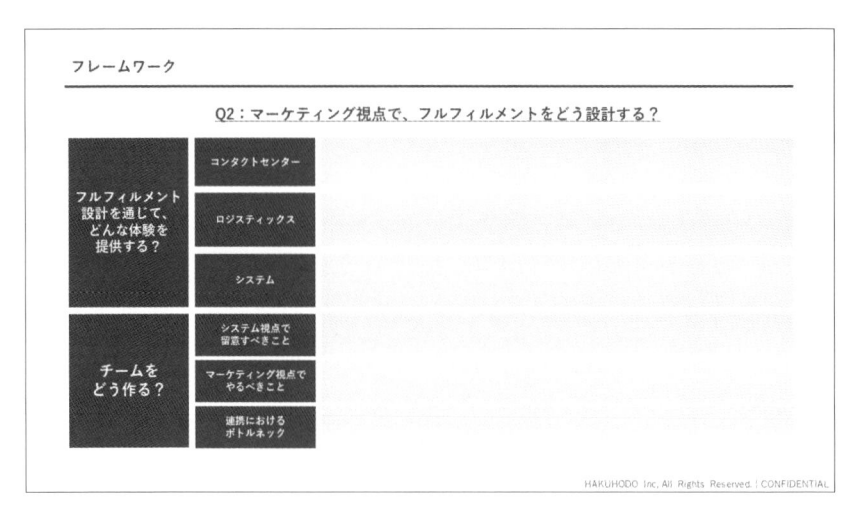

Q.2のフレームワーク

第6章

Q.3
KGI・KPIはどうやって設計する?

「KGI(Key Goal Indicator)」と「KPI(Key Performance Indicator)」は、事業の寿命を決めると言っていい重要な指標です。正確な指標を設計すること以上に、「KGIやKPIを決めることで、組織の向かうべき道筋を立てること」がこの問いを考える意義であると考えます。

「KGI」「KPI」の定義や基本的な考え方を解説したのち、店頭ビジネスとは一味違う「ECビジネスにおけるKGI・KPI設計」について、HAKUHODO EC+の集合知に基づくノウハウをお伝えします。

ECビジネスにおける
「KGI」と「KPI」

KGIとKPIの定義

　「KGI・KPIはどうやって設計する?」という問いについて考える前に、言葉の定義を整理しておきましょう。

　マーケティング業界では当たり前のように「KGI」「KPI」という言葉が使われています。しかし、頻繁に使われているがゆえに、気が付くと定義が曖昧になり、担当者間に齟齬が生じていることがあります。

　まずは、言葉の定義と基本的な考え方を整理しておきましょう。

KGI(Key Goal Indicator)

　KGI（Key Goal Indicator）は、事業の最終的な目標達成度を測るための指標です。企業が設定する長期的なゴールに対して、その進捗を評価するために利用され、企業の成長戦略や事業の成功を示す最重要な目標を明確にします。売上や利益、顧客満足度などがKGIになることもありますが、多くの場合**「営業利益」がKGIに設定されます**。

　ビジネスを立ち上げた以上、接点を持った顧客のために商品やサービスを改善し続ける必要があります。その源泉となるのは、営業利益です。顧客に何かしらを提供するうえで、営業利益を継続的に生み出し続けることが至上命題になるため、多くのビジネスでは「営業利益」をKGIに設定します。

KPI(Key Performance Indicator)

　それに対しKPI（Key Performance Indicator）は、事業成功の鍵を表した数値目標のことです。KGIが「結果」の指標だとすると、KPIは「プロ

セス」の指標です。KGIを達成するために必要な最重要プロセスの目標数値が、KPIです。目標達成の進捗状況を定期的に評価し、改善点を見つけ出すための重要な役割を果たします。具体的には、売上、成約率、顧客満足度などが挙げられます。個々のマーケティング施策では、キャンペーンの効果や顧客の反応を把握するために、クリック率やリード獲得数などがKPIとして設定されることもあります。

　KGIを達成するうえで鍵となる活動の達成度を測る指標であるため、図6.1.1のように「KPIを達成できたら、KGIを達成できる」という状態になっている必要があります。よって、KGIが絶対的な目標として存在し、KGIを基にKPIを決めるというステップを踏むことが必須条件となります。「KPIを積み上げてKGIを決める」という意思決定プロセスを採ってしまうと、のちのち「KPIを達成しているのに、KGIが達成されていない」という矛盾が起きてしまうので、注意しましょう。

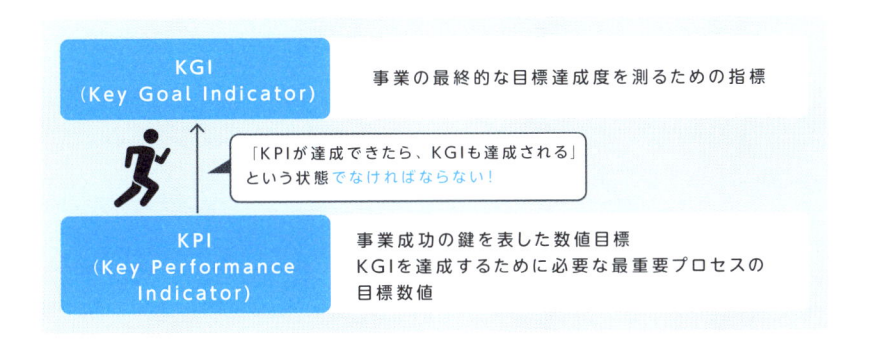

図6.1.1　KGIとKPIの関係

事業の寿命を決めるKGI、KPI

　KGIとKPIは、事業の寿命を決める指標です。最終的に事業の継続が判断されるのは、「KGIを達成したか、否か」であり、どんなに意義深い事業であっても、収益状態の悪い事業を放置しておくわけにはいきません。当然、KGIを達成する鍵となるKPIも、丁寧に設計する必要があります。

　過度に高い目標を立てることは、泳ぎ切れないとわかっている川に飛び込

むようなものです。

KGIもKPIも、意思決定のための道具

KGIとKPIの定義がクリアになったところで、重要な前提をお伝えします。

「KGIとKPIは事業の寿命を決める」という意識で丁寧に設計すべきである一方で、KGIとKPIを神格化すべきではありません。

KGIとKPIはあくまでも、組織の意思決定の成功確率を上げるための指標にすぎません。組織全体の納得度が高い意思決定を下すために、KGIとKPIは存在します。もちろん、関係者の納得を得るうえで一定の正確さは必要ですが、決して「精緻なKGI・KPIを立てること」が目的にならないように注意しましょう。

ECビジネスにおけるKGIやKPIの設計

ECビジネスにおけるKGIやKPIの設計プロセスにおいて、先述した定義が大きく変わるわけではありません。しかし、EC「から」始めるマーケティングを実践するうえで、強く意識すべきことがいくつか存在します。

経営者目線と現場目線の折衝

店頭ビジネスに比べてECビジネスの歴史は浅く、最終的な決裁者となる経営層の中には「ECビジネスの数値感覚」が備わっていない人も少なくありません。経営者目線に偏ったKGI設計を行ってしまうと、第1章で述べたような、「垂直立ち上げ、高売上かつ高利益」の「絵に描いた餅」と言われるような事業計画が出来上がってしまうことがあります。

このしわ寄せは、現場に来ます。「非現実的なKPI」が設定されてしまった場合、目先のKPIを達成するためにブランド毀損につながる広告戦術や、顧客満足度を下げるような無理な値下げ戦略を実行せざるを得なくなるなど、事業のコンセプトと大きくずれた「効率目的」の戦略が打ち出されることになってしまいます。

一方で、現場目線に偏ってしまうことにも弊害があります。そもそも現場目線に偏ることは「KGIよりもKPIを重視すること」を意味するので、この節の最初に触れた「KGIとKPIの関係性」の原則（図6.1.1）に反することになります。

　また、現場目線に偏ることは、EC「から」始めるマーケティングの実現を遠ざけることにもなります。「目先で達成できそうな目標」を設定することでECビジネス以外も俯瞰的に見つめる姿勢が失われてしまい、「ECビジネスにおける個別最適のKGI」が設定されてしまいます。そうした経緯を経て定められたKGIを目指して進んでしまうと、「EC以外と切り離された」ECビジネスに変貌していってしまいます。

　だからこそ、経営層と現場メンバー双方が納得のいくまで徹底的に、KGIとKPI双方の議論を重ねるべきなのです。経営層と現場メンバーが「店頭ビジネスとECビジネス、それぞれの中長期的な市況見通しや、事業概況」を頭に置きながら、闊達に意見を交換して事業計画を作っていくことが理想の進め方です。

「EC＝先行投資型ビジネス」という前提を忘れない

　自社ECビジネス立ち上げには、システムや物流の構築、商品ページやLP、バナーといった様々なデザイン物、初期顧客の誘客コストなどが必要であり、初期投資は莫大になります。

　また、自社ECビジネスが地道に自社顧客を増やし、リピートしてもらうことで売上を立てていくモデルである以上、自社顧客が少ない立ち上げ初期はなかなか売上も上がっていきません。

　ECモールへの出店・出品は自社ECビジネスと比べるとシステム面での初期コストが低い一方、出店手数料など別のコストがかかり、モール内での販売実績を積み重ねることが売上面でも利益面でも課題となります。

　つまり、自社ECとECモールの双方とも、発売初期は初期コストと売上のバランスが悪くなる傾向にあり、低売上・低利益（場合によっては赤字）から始まるケースが多いのです。流通への交渉力とプロモーションの力次第では、立ち上げ初期から垂直立ち上げが可能な店頭ビジネスとは大きく異なっ

ています。逆に、こうした壁を乗り越えた先では、顧客のアプローチリストを獲得し、コミュニケーションをダイレクトに取れるECビジネスならではのファン化が可能になり、高LTV型ビジネスになることで利益率が大きく良化していきます。目安として、事業立ち上げ3年目に営業利益が黒字化すると順調だと思われます（**図6.1.2**）。

このように、初年度から売上と利益を垂直的に立ち上げるビジネスモデルではなく、ECビジネスは**徐々に成長していく初期投資型モデル**であることをきちんと理解することが重要です。初年度は場合によっては利益がほとんど出ない「種まき」の時期としてとらえ、事業計画やKGI、KPIを設計する必要があります。

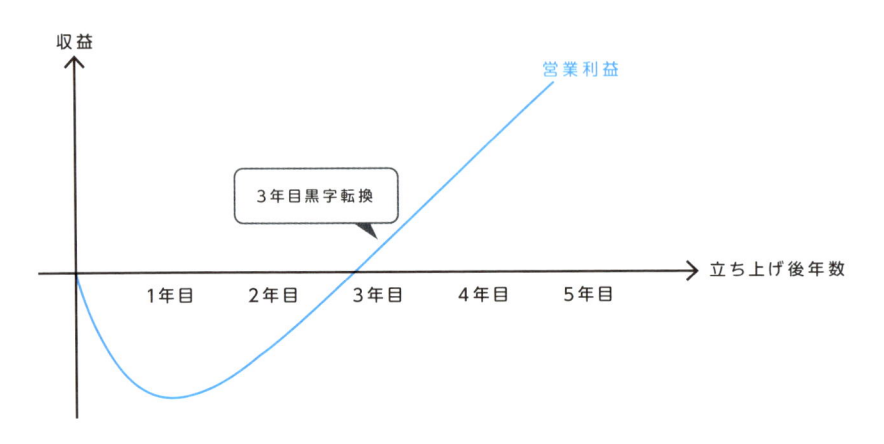

図6.1.2　一般的なECビジネスの収益化イメージの一例

事業計画シミュレーションの立て方

ECビジネスにおけるKGIの議論を有意義なものにするうえで、「事業計画のシミュレーション」が効果を発揮します。これは、「EC事業の損益状況がどのように推移していくか？」という中長期的な絵を描いたものであり、5年先を描くこともあれば、10年先を描くこともあります。この絵を描くことで、事業の収益性や「やるべき意思決定」の認識をすり合わせ、「納得度の高い意思決定」を下すことができるのです。

「売上シミュレーション」と「コストシミュレーション」を行ったうえで、営業利益の推移を導き出すというプロセスになります。

売上シミュレーションのポイント①：マクロとミクロの視点を行き来する

　まず、事業の売上計画の作り方から見ていきましょう。ここでは、「**マクロ視点**」と「**ミクロ視点**」を**行き来する**ことが重要です（図6.1.3）。
　店頭ビジネスにおける売上計画の立て方は、マクロ視点と言えます。

　「A社としては、○億円規模の事業を作りたい」
　「B社のカテゴリには、○百万人のターゲットがいると想定され、そのうちの○％のシェアを獲得できるため、○億円の売上を達成する」

といった考え方が該当します。自社の事業目標を設定し、広い意味でのターゲットポテンシャルを探ることは重要です。
　ただし、これだけでは抜け落ちてしまう視点が、現場担当者が直面する「現実的に、ユーザーを獲得できるのか」などのミクロの視点です。「販促費と顧客獲得単価（CPA）のバランス」など、ミクロ視点で事業計画を積み上げることで、実運用上も無理のない計画になっていきます。マクロ視点のみで計算してしまうと、「市況の数百倍の効率で、顧客を獲得しないと成立しない事業計画になっている」などの事象が起きてしまいます。
　マクロとミクロの両視点を行き来して検算しながら、市場と現場の双方を勘案した売上計画を作っていくべきです。

売上シミュレーションのポイント②：分解はまず、シンプルに

　売上を算出する際に陥りがちなのが、「細かく要素を分解しすぎる」という状態です。変数が増えれば増えるほど数式が複雑化していきます。複雑化によって、関係者間での認識の一致が難しくなり、意思決定のスピードが遅くなります。さらに、売上を計画する過程において、要素に変更が加わったり、式の構造が変わったりすることはよくあります。過度に複雑なモデルに変

更を重ねると、どこかのパラメーターでミスが起きてしまうリスクも生じます。

　重要なことは「納得感の高い意思決定を下すこと」です。最もシンプルな「**売上＝顧客人数×客単価×平均購入回数**」という要素分解でも、十分議論できます。さらに精緻にしたい場合は、顧客人数を新規顧客と既存顧客に分けたり、顧客属性ごとに客単価を分けて計算したりするなど、各要素をさらに分解していきます。

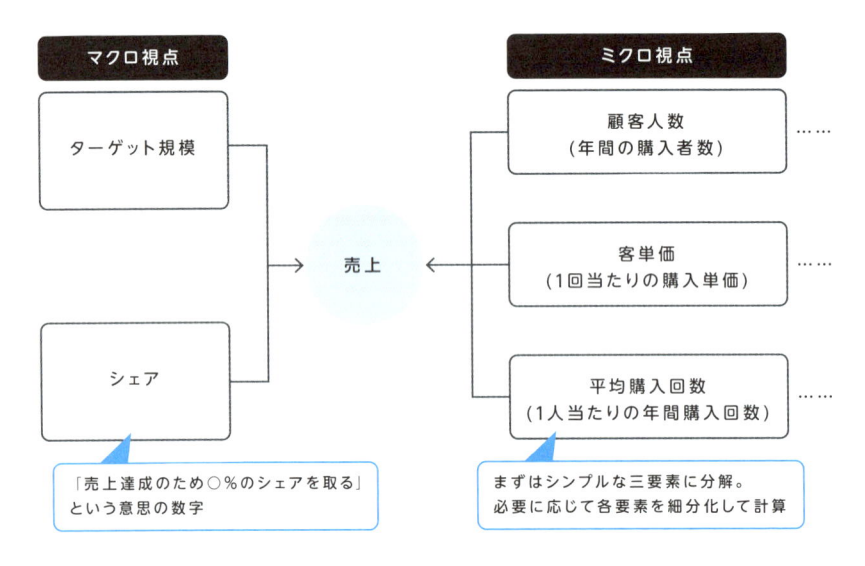

図6.1.3　売上算出のアプローチ

コストシミュレーションのポイント①：まずは割合ベースでシミュレーションする

　コスト項目は大きく、「商品原価」「販売費（固定・変動）」「一般管理費」に分かれます（**図6.1.4**）。この項目を売上から差し引いて残るのが、多くの事業でKGIとなる「営業利益」です。

　シミュレーションを行う際の考え方としては、「営業利益率を○％に維持するためには、固定比率を○％に抑える必要がある」といった具合に、割合ベースでまず目安をつけたうえで、具体的な金額のシミュレーションに入っていきます。「商品原価」や「手数料（販促費に含まれる）」は事業ローンチ以降、コントロールしづらいため、それ以外の費目でいかに効率性を追求でき

るかがポイントとなります。

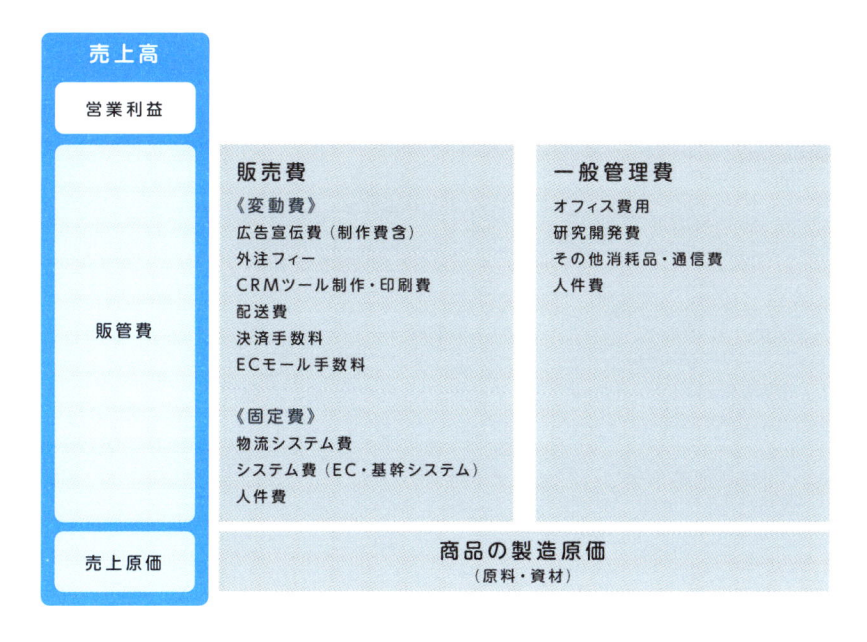

図6.1.4　ECビジネスのコスト構造

コストシミュレーションのポイント②：変動費に注意

　シミュレーションの際に注意すべきなのが、売上の増減によって変化する「変動費」です。例えば、商品が売れれば売れるほど増える配送料は、変動費になります。変動費の影響は意外に大きく、シミュレーションの結果を大きく左右することがあるので見逃せません（図6.1.5）。

　変動費の圧縮を検討する際には、第5章で触れた「フルフィルメント設計」への理解が役立ちます。「送料無料の仕組みを変更することで配送費を圧縮できないか」「プリセット品を作るなどの工夫で入出庫手数料を圧縮できないか」など、フルフィルメントへの理解に基づくコストダウンのアイデアは、営業利益を保ちつつ事業規模を拡大する助けとなります。

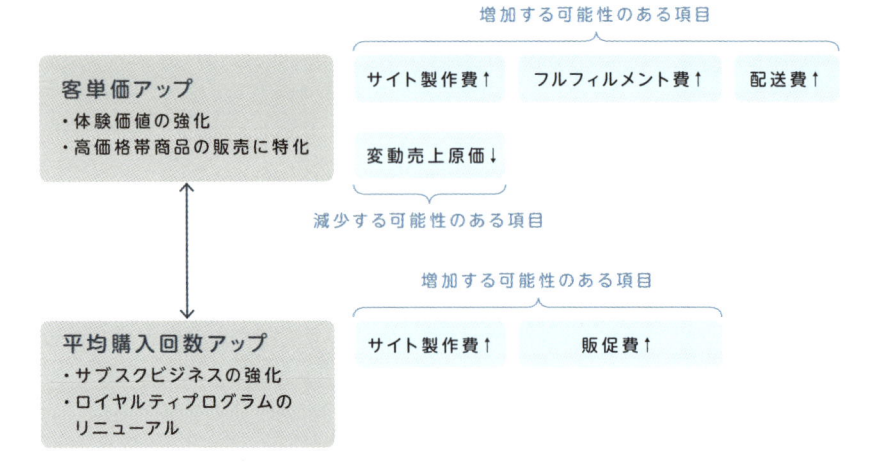

図6.1.5　売上を伸ばすことで変動する費用の一例

複数シナリオでのシミュレーション

　5年、10年先の事業売上を予測することは、簡単ではありません。環境要因や競合相手の出方などの不確定要素を加味してパラメーターを設定し、複数のシナリオでシミュレーションを行うことで、「万が一の事態」に備えることができます。

　一般的には、

・想定できる範囲で最も可能性が高いと思われる前提の「ベースシナリオ」
・想定可能な下振れリスクを加味した「悲観シナリオ」
・顧客獲得やリテンション活動が成功する前提で作った「楽観シナリオ」

という3種のシナリオを準備しておくケースが多いです（図6.1.6）。

　「どのシナリオの軌道に入ったかを、いつ判断するのか」「悲観シナリオの場合、どんな挽回策を投じるのか」等、どのシナリオに転んでも最善の策を打てるよう備えておくことが重要です。

しつこいようですが、**シミュレーションは納得度の高い意思決定を下すための**ものです。そういう意味では、事前に複数のシナリオを想定して、「未来の意思決定をしやすくしておくこと」は必要不可欠なステップと言えるでしょう。

	3年目の状態	要因
楽観シナリオ	営業利益率 10%達成 売上10億円	客単価・平均購入単価がKPI+10%で推移 新規獲得CPAが悪化するものの、XXX円以下に収めることに成功した フルフィルメント設計の見直しによるコスト削減も順調に推移したと想定
ベースシナリオ	営業利益ベースで 黒字化達成 売上8億円	客単価・平均購入単価がKPI+5%で推移 新規獲得CPAがYYY円まで悪化
悲観シナリオ	営業利益率 −5%で着地 売上5億円	客単価・平均購入単価がKPI-10%で推移 新規獲得CPAがZZZ円まで悪化

図6.1.6　シミュレーションの分岐例

「こういう事業でありたい」という意志も重要

　今まで、指標設計というテーマで「論理的に事業成長の絵を描く」プロセスをお伝えしてきました。その一方で、「事業を立ち上げた目的」も重要です。

　ビジネスである以上、営業利益を伸ばすことは重視すべきですが、事業を立ち上げるときに規定した「事業を通じて提供したい価値」などの志に立ち返ることも重要です。「利益を追い求めるあまりターゲットを広げすぎて、何のために事業を立ち上げたのかわからなくなった」という結果になってしまっては本末転倒です。

　ECビジネスに参入する企業が一気に増えたコロナ禍には、外出を控える生活者が増加し、オンライン上のトラフィック量が格段に増えました。

　デジタル広告のCPA（顧客獲得単価）は安価に抑えられ、広告を打てば

打つほど顧客を獲得できていました。しかし、コロナ禍が収束し、外出需要の復活とともにトラフィック量やインプレッションが維持できなくなっていきました。それによってCPAは高騰し、「とにかくCPAを下げればいい」という考え方から「LTVを伸ばさねばならない」という考え方にシフトする企業が続出しました。このように、思わぬ外部要因によって意思決定を強いられる局面も確かに存在するのです。

戦略的なプロモーションコスト削減を行い、「届けるべき人に届ける」という方針を採った企業もあれば、大手流通との協業により「オフラインの世界に漕ぎ出すことを決めた」企業もありました。その意思決定の背景には、市況と「事業としてこうありたい」という意思を折衝する議論があったのではないか？と推測します（図6.1.7）。

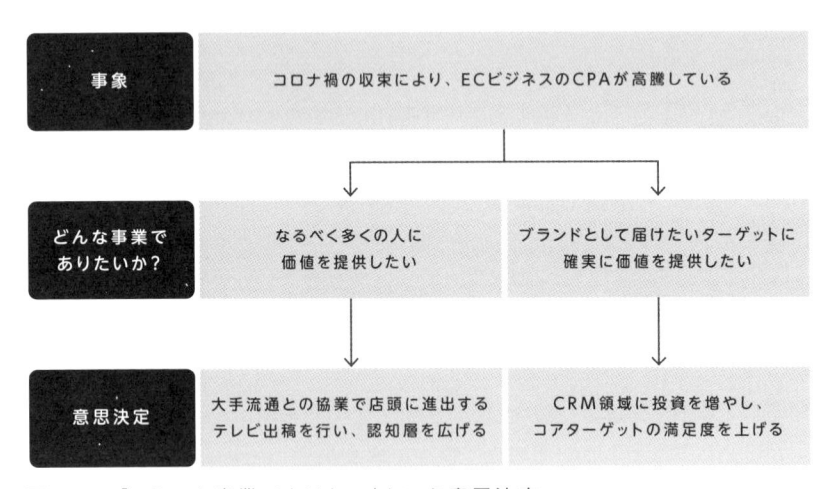

図6.1.7 「こういう事業でありたい」という意思決定

事業指標設計時の注意点

どんなに手間をかけて設計した事業指標も、実際の事業活動に反映できるものでなければ意味がありません。実際に機能する指標を設計するうえでの注意点として、「コントロールできるか」「モニタリングできるか」という二つの視点をご紹介します（図6.1.8）。

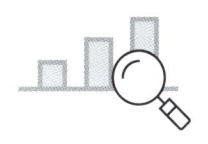

自社でコントロールできる？

継続的にモニタリングできる？

考えた打ち手で変化しうる指標でないと、
意思決定にはつながらない。
「GDP」「日本のEC化率」はNG！

定期的にモニタリングできない指標を追いかけ
てしまうと、打ち手は「手遅れ」に。
事前にデータを取り扱う部門や、システム部門
とすり合わせておくことが重要

図6.1.8　事業指標設計時の注意点

KGIとKPIは、自社でコントロール可能な目標設計にする

　KGIを議論する際、しばしば「事業売上と一定期間強い相関を見せている」ということを理由に、「日本のEC化率」や「GDP」を事業指標算出のための変数として扱うケースがあります。しかし、たった一つの企業の意思決定によって他カテゴリも含む「日本全体のEC化率」や「GDP」が上下するわけではなく、これらの数値はKGIとしては「壮大すぎる」数値なのです。

　KGIやKPIは、あくまで「取るべき打ち手の優先順位を決めるためのもの」であり、意思決定を導く道標です。KGIやKPIを設計する際には、「自社でコントロールできる数値」を変数として意識すべきです。

KPIは、モニタリング可能な目標設計にする

　KPIは、意思決定に活用する以上、継続的にモニタリングできる数値である必要があります。モニタリングの難しい数値をKPIに設定してしまうと、「打ち手を実行してから時間が経たないとKPIを確認できず、リアルタイムで対応することができない」という現象が起きてしまいます。そうなると、PDCAにおける意思決定のスピード感が落ち、事業成長の速度が鈍化してしまいます。

　KPIを設計する際には、「KPIをどのタイミングでモニタリングし、意思決

定を下すか」「そもそも定期的に確認できる指標なのか」「どのデータソース
を使ってモニタリングするか」などといったプロセスを、事前にデータを取り扱
う部門やシステム部門とすり合わせておくことが重要です。

　本節では、ECビジネスにおける「KGI」「KPI」の定義・設計法と、それ
らを用いた意思決定プロセスに関して説明してきました。次節では、「設計し
たKPIをどのように運用し、PDCAを回すのか」というポイントについて解説
します。

6.2

ＥＣビジネスにおける
指標モニタリング

ＥＣビジネスにおけるPDCA

　KGIやKPIを設計できたら、達成に向けて組織一丸となって突き進むのみです。売上結果がすぐにわかるECビジネスにおいては、迅速かつ正確に事業状況を把握し、打ち手を検討する必要があります。適切な体制を整えて、質の高いPDCAを実現することが、KGI達成の鍵と言えるでしょう。

　本節では、ECビジネスにおけるPDCAについて、いくつかのノウハウをお伝えします。

モニタリングの目的を明確化する

　事業指標のモニタリングは、目的によって大きく「事業モニタリング」「顧客モニタリング」「施策モニタリング」という3種類に分かれます（図6.2.1）。

	事業モニタリング	顧客モニタリング	施策モニタリング
内容	KGIの達成度合いを見て「事業全体の調子」を判断　中長期的な打ち手を考案KPIの見直しなども検討	LTV(Life Time Value)により新規獲得/リテンション活動の総合評価を行い、どこにボトルネックがあるかを特定	各領域・施策の成果を見て施策ごとのPDCAを回す
頻度	半期～四半期に一回	毎月	毎週

図6.2.1　指標モニタリングの一例

　ここで重要なのは、「モニタリング内容と目的が対応していること」です。しばしば、「事業の大方針に関する意思決定を下したいのに、気が付いたら

特定の施策結果に関する話になってしまっている」という状況が起きています。

「どのチームが」「どの指標を基に」「どんな意思決定を下すのか」という論点を明確化して、モニタリング体制を整えていきましょう。

事業モニタリング

半期〜四半期に1回、KGIの達成度合いを見て「事業がうまくいっているかどうか」の調子を判断します。前節で紹介したような事業シミュレーションと照らし合わせながら、中長期的な商品開発計画やシステムに関する議論、KPIの妥当性の確認などを行い、事業の舵切りを行います。

KGIだけでなく、店頭ビジネスに与えた影響など、ECビジネス以外の事業全体を見据えた振り返りを行うことも、EC「から」始めるマーケティングを実践するうえで重要な意義を持ちます。

顧客モニタリング

事業成長のための具体的な打ち手を考えるうえで、顧客の状況を把握することは不可欠です。「顧客がどれぐらい事業にお金を払ってくれているか」「何人の顧客が事業に関わっているのか」などの状況を示す指標は、モニタリングにおいて外せない論点となります。これらの指標は、顧客獲得、CRM活動の評価・改善や商品投資ポートフォリオの見直しなどの意思決定に活用されます。

顧客モニタリングは各所の活動方針を決める役割を担うので、毎月定例会のような形で、事業関係者が膝を突き合わせて実施するケースが多いです。多くの企業では、LTV（Life Time Value）を用いて顧客モニタリングを行っています。LTVという言葉の定義とモニタリング方法については、後ほど解説します。

施策モニタリング

施策モニタリングにおいては、打ち手の結果を評価し、次の打ち手を考えます。「広告レポートを見て広告の投資配分を変える」「クリエイティブテストの結果を見て広告クリエイティブを変える」などの意思決定が下されます。

「顧客獲得」「CRM」「顧客満足度」など、アプローチする売上ドライバーによって分科会を設けてモニタリングする場合が多いです。分科会は、毎週から隔週で開催されます。

モニタリングの種類こそ分けたものの、全てのモニタリングが「KGI達成」という一つの目標を目指していることは忘れないようにしましょう。各分科会が「事業モニタリング」「顧客モニタリング」の内容を意識しながら日々のPDCAを回すことで、考案する打ち手の幅が広がり、本質的に事業成長につながるものになっていきます。

指標管理の効率化

モニタリングを行ううえで障害になるのが、「分析の複雑さ」です。意思決定に使いたい数値が、必ずしもデータベースからそのまま吐き出されるわけではありません。複数のデータソース（例：販売プラットフォーム、広告キャンペーン、顧客管理システムなど）から抽出した数値を用いて計算する必要があることがほとんどです。

その際、データ分析の効率化に役立つのがダッシュボードやBI（ビジネスインテリジェンス）ツールです。ダッシュボードやBIツールを使うと、複数のデータソースからデータを集約し、一つの画面で全体像を把握できるようになります。これにより、データが散在することで生じる情報の抜け漏れを防ぎ、日々の運営に必要なKPIを常に確認することが可能です。

さらに、可視化されたデータを簡単に共有できるため、チーム全体での理解や目標の共有が容易になります。様々なバックグラウンドのチームの中で迅速な意思決定を下すため、共通言語として活用することもできます。

注目すべき指標「LTV」

　顧客モニタリングにおいて議論されることが多いのが、「顧客のLTV（Life Time Value）をどう伸ばすか?」という論点です。

　この背景には、新規顧客の獲得がどんどん難しくなっていることがあります。日本の人口は減少傾向にある一方で、ECビジネスに参入する企業はどんどん増えており、顧客獲得コストを改善できる幅が狭まっているのです。

　多くの企業が、LTVを伸ばす活動にシフトすることで、中長期的な成長を実現しようとしています。注目度が上がる「LTV」という概念について、詳しく見ていきましょう。

LTVとは何か

　LTV（Life Time Value）は、「顧客生涯価値」とも呼ばれる、1人の顧客が企業にどれだけの利益をもたらすかを示す指標です。LTVを計算することで、単に1回の購入だけでなく、顧客が長期的にどれくらいの売上や利益をもたらす可能性があるかを把握できます。ECビジネスにおいて、LTVを高める取り組みは非常に重要で、これにはリピート購入やアップセル、クロスセルなどが含まれます。

　具体的なLTVの計算は、

平均購入単価 × 購入頻度 × 継続期間

といった形で求めることが多く、LTVが高い顧客ほど長期的な利益に貢献するため、リピート率を高める施策に予算を割く判断にもつながる場合もあります。

LTVもまた、意思決定を下すための道具

　LTVという概念は、ECビジネスと相性の良い概念です。データ入手が難しく、新規／リピートの差がわからない店頭では、LTVを伸ばす施策が「ファンマーケティングによるロイヤルティ向上」という打ち手に落ち着きがちです。一方で、顧客の購買データを扱いやすいECやD2Cでは課題を正確に把握

しやすく、打ち手を考えやすいと言えます。

　しかし、ここでも注意が必要です。LTVの分解もまた、打ち手を考えやすくするための作業です。事業の構造をしっかり理解したうえで、適切な優先順位をつけることが重要です。

ECビジネスのバケツ理論

　HAKUHODO EC+では、LTVの伸ばし方を議論するためにECビジネスを図6.2.2のようにバケツに例えて考えます。このように分解して、各段階における顧客の行動を追跡し、成長に必要な施策を効率的に設計できます。

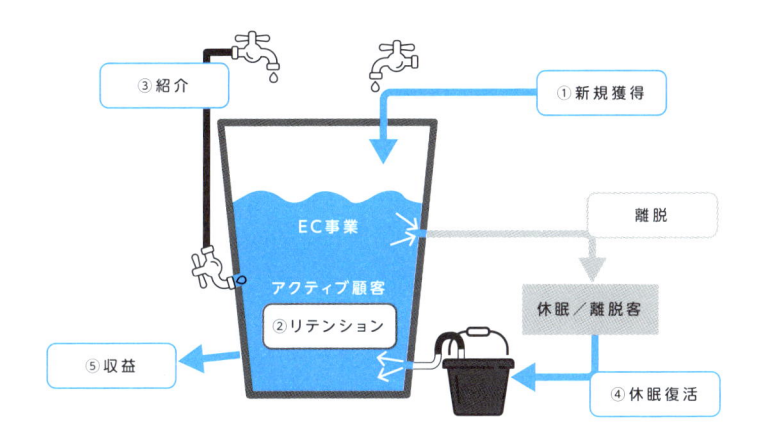

図6.2.2　ECビジネスのバケツ構造

①新規獲得：顧客をどのように集客するかの段階です。広告やSNS、SEO、ブログなど、見込み顧客にリーチする施策が含まれます。
②リテンション：顧客がリピートしてくれるかどうかの段階です。リテンション率を高めるために、リマインドメールや会員特典、定期便の提案などが活用されます。
③紹介：顧客が他の人にサービスを紹介してくれる段階です。紹介キャンペーンやクチコミの促進が主な施策です。
④休眠復活：一度離脱した顧客に、商品使用を再開してもらう段階です。休眠・離脱客へのDM送付やコールセンターによるアウトバウンド施策などがオプションとなってきます。

⑤収益：最終的に売上や利益を増やす段階で、アップセルやクロスセルなどによって、1人当たりの購入単価を上げることを目指します。

このバケツ構造を用いて、どの段階の顧客体験に改善が必要かを把握し、戦略的に各フェーズを改善することで、LTVの向上を目指しやすくなります。五つの要素をコントロールできる度合いは、事業構造によって様々であり、LTVの高い顧客と低い顧客を比較分析することによって、自社ブランドがどんな構造なのか理解する必要があります。

LTVを伸ばすアプローチ

LTVを伸ばす方法には、どんなものがあるでしょうか。

まず思いつく正攻法は、「既存顧客のLTVを伸ばす」ことです。これは、バケツ構造でいうところの「リテンション」「休眠復活」の段階にアプローチするものであり、リピート促進やファンづくりを目指す活動です。具体的な手法については第8章と第9章で解説しますが、**徹底的な生活者視点に立ち、「どうすれば自社ブランドを好きになってもらえるか」**を考え抜くことが、LTVを伸ばすうえで必要不可欠なステップであると言えるでしょう。

ここで意外と見落としがちなのが、「そもそもLTVが伸びやすい顧客を獲得する」という方針です。バケツ構造でいうところの「**新規獲得**」にアプローチする考え方です。例えば、顧客分析の結果、「○歳～○歳で、スポーツに関心のある男性（ペルソナA）が、一度始めると購買単価・頻度ともに高く、LTVが伸びやすい」という結果が出たとします。ペルソナAをターゲットに設定し、ペルソナAの人に響く広告クリエイティブで配信するという広告戦略を採ることで、**CRM活動を始める前からLTVを伸ばす活動を始める**というのも、有効な打ち手となります（図6.2.3）。

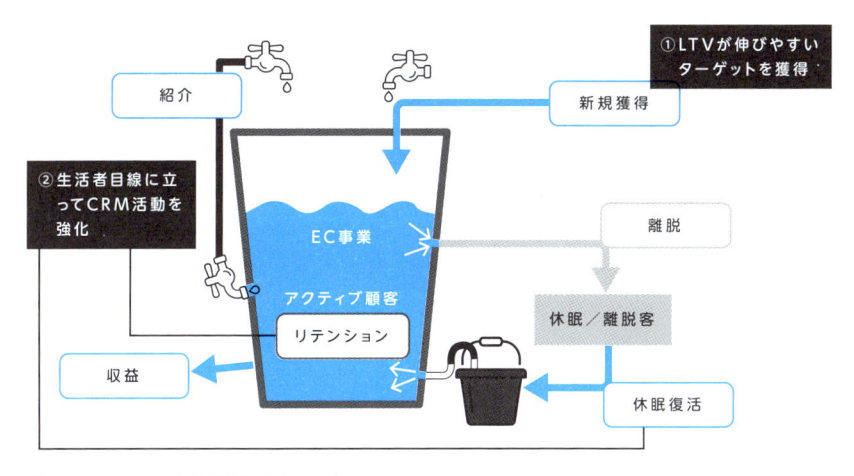

図6.2.3　LTVを伸ばすメカニズム

EC「から」始めるマーケティングを実現するための事業指標

　EC「から」始めるマーケティングを実践するうえで、ECビジネスで閉じない事業指標を追いかけることも重要です。

　先ほど説明したLTVに関しても、ECビジネス以外での購買行動を含み置く必要があります。例えば、OMO戦略の成果は、ECビジネスと店頭ビジネスを横断したLTVで評価するべきです。

　ただし、店頭ビジネスとECビジネスでは得られるデータの精度が違います。さらに、「店頭で購入した人」と「ECで購入した人」を紐づける手段も、まだまだ多くありません。そんな中、ECと店頭をまたぐKPIとして、ロイヤルティ指標が注目されています。アンケート調査で挙がる「顧客満足度」や、「商品をどの程度親しい人にすすめたいと思うか」という質問への答えとなるNPS（Net Promoter Score）などが挙げられます。

　こうした「将来的に重要になりそうな指標」は、売上を分解する中では重要指標として浮かびにくいかもしれません。KPIとして追いかけるというより、こうした指標の推移とKPIの関連性を分析したりして、「事業構造が変わり始めた潮目」を見逃さないようにすることが重要です（図6.2.4）。

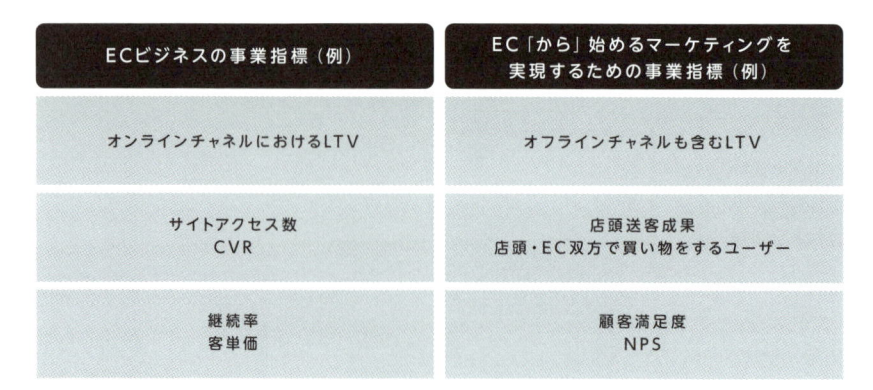

ECビジネスの事業指標（例）	EC「から」始めるマーケティングを 実現するための事業指標（例）
オンラインチャネルにおけるLTV	オフラインチャネルも含むLTV
サイトアクセス数 CVR	店頭送客成果 店頭・EC双方で買い物をするユーザー
継続率 客単価	顧客満足度 NPS

図6.2.4　事業指標の種類

　この章では、「事業の寿命を決める」事業計画やKPI、KGIの設計方法、事業指標の考え方について説明してきました。

　戦略起点の事業運営に必要なプラニングフレームにおける「ステップ1：戦略立案」の三つの問いの紹介は、以上です（図6.2.5）。

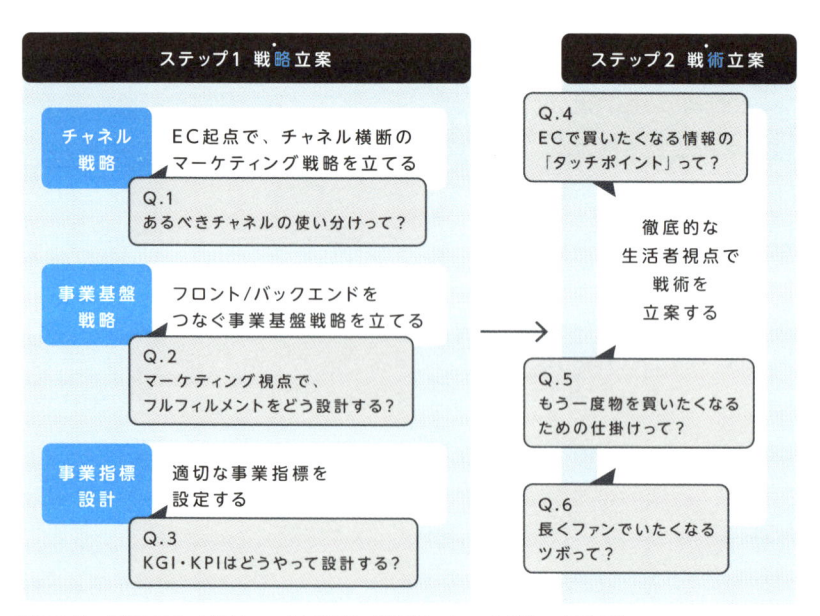

図6.2.5　プラニングフレーム実行に必要な六つの問い（再掲）

次の章からは、「ステップ2：戦術立案」の問いを説明していきます。徹底的な生活者視点で戦術立案をするために、三つの問いを立てました。

　第7章では、「Q.4 ECで買いたくなる情報の「タッチポイント」って？」という問いをきっかけに、「生活者の情報収集経路におけるECの立ち位置の変化」や、「生活者心理の変化を踏まえたブランド体験の設計とSNS戦略」について解説します。

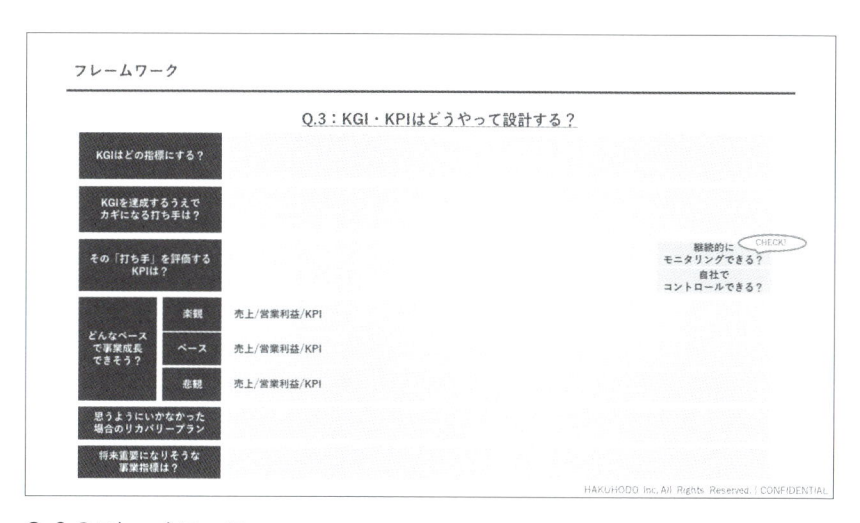

Q.3のフレームワーク

第7章

Q.4
ECで買いたくなる
情報の「タッチポイント」って？

生活者の情報収集手段が変化する中、ECビジネスにおけるタッチポイント設計にも工夫が必要になってきています。

ECの利用率が上がったことによるECサイトのメディア化。そして、SNSの普及による一般生活者の投稿の価値の上昇。こうしたトレンドがある中で、従来型の獲得型広告のプラニングだけでない、新しい情報のタッチポイント設計が求められます。

この章では、HAKUHODO EC+ が考える「生活者の心を動かすためのタッチポイントの設計」、そして「SNS時代のブランドづくり」について、詳しく説明します。

7.1
タッチポイントとしてのECモール

生活者との情報接点の持ち方を考え抜く

今までの章でも触れてきた通り、今のECは購買チャネルを超えた「マーケティングチャネル」としての役割が重要になってきています。そこでこの章では、ECビジネスを成功させるために必要な、生活者に対する情報の「タッチポイント」の設計について考えていきます。

特に次のような問いをもって、情報のタッチポイントを紐解いていきます。

・今の生活者はどこの情報を基に購買を行っているのか？
・情報伝達のために、事業者が活用していくべき場所はどこなのか？
・生活者が情報発信をしたくなる仕掛けとブランドづくりはどうなっているのか？

ECビジネスにおいて重要な「認知・検討」を促進する役割と顧客のロイヤル化という観点、双方で重要になってくる情報接点の考え方について一緒に考えていきましょう。

重要性を増す「ECモール」

ECチャネルはメーカーが自社で構築する「自社ECサイト」とAmazon、楽天市場、Yahoo!ショッピングなどの各プラットフォーマーが提供する「ECモール」の二つに大きく分けられます。各社は自社の置かれている状況に合わせてこの二つのチャネルのそれぞれの強みや弱みを理解したうえで、役割分担させながらマーケティング活動を展開しています。

そのうち、第1章で述べた通り、コロナ禍前から普及していたECモールは、販売チャネルとして現在確固たる地位を築いています。それに加えて、

マーケティングチャネルとしてのECモールの重要性も年々増してきています。

　顧客データを直接獲得し、それを活かしたCRMを行いやすい自社ECに対して、ECモールは直接のデータ取得は難しい反面、様々なカテゴリの商品を販売することでユーザーを惹きつける圧倒的な集客力が強みです。そのため、少しでも多くのユーザーに試してもらいたい商品の立ち上げ期において、各社はECモールにまず出品することで、既に各モールの商圏に存在するユーザーに自社の商品を知ってもらい購入してもらう、初期のタッチポイントとしてECモールを活用する戦略を取ることが多いです。

　このように初期の売上を短期間で上げるためのチャネルとしての役割も持ち、年々重要になってくるECモールはユーザー数や売上を伸ばすことで、新しく「メディア」としての側面を持つようになりました。

　この節ではこうしたメディアとしての役割を掘り下げていきます。

第7章

ECモールは、商品の目利きをする場所に

　ECモールの特徴として、各モール内の検索窓で欲しいものを検索すれば、一度に様々な商品と出会える、というものがあります。

　例えば、「シャンプー」と入れると様々な企業の様々なブランドが、香りや大きさ違いも含めて画像付きで多数表示されます。これは原則、1社のブランドしか取り扱っていない自社ECサイトにはない特徴です。

　そのため、生活者は自分が欲しいものを検索すると、一度に商品画像やブランド名、そして各ユーザーが付けたレビューや推奨度（☆など）を見ることができます。

　ここで現在、生活者の購買において重要視されているものが「ユーザーレビュー」になります。

　図7.1.1の調査結果を見ていただくとわかる通り、EC上での購買で最も重要視される情報源はオンラインサイトのレビューになっており、またその影響は実店舗にも及んでいます。

EC購入時の情報収集源		
1位	オンラインショッピングサイトのレビュー	40.3%
2位	インターネットの情報サイト	28.3%
3位	クチコミ・比較サイト	24.9%
4位	家族や友人から聞いた商品の情報や評判	22.0%
5位	TVコマーシャル	20.1%

Q. あなたが普段、お買い物をする際に情報源として活用しているものについて、
　以下の中からあてはまるものをすべてお答えください　n=6,000
出典：HAKUHODO EC+「EC生活者調査」2023年6月より
　注：このアンケート結果は一般には非公表

図7.1.1　購買時の情報収集源：EC

　こうした「レビューのメディア化」の影響を大きく受けているのが、多品目を見比べられるECモールであり、生活者の購買における「比較サイト」としての役割を担っています。

　実際に生活者に様々なインタビューをしていると、「大手ECモールで口コミを検索してから、オンライン／オフラインともに物を買うようにしている」というユーザーが非常に多いです。

　こうしたことからECモール側も対応を進めており、実際にとあるECモールにおいては、「レビュー数15件以上、平均レーティング3.5以上」を「商品の購買率を上げるための必要条件」として推奨しています。

　では、こうした商品レビューを重要視する生活者動向に対し、事業者は何ができるでしょうか？

商品レビューの収集、そして活用

　事業者が商品レビューを集める代表的な手法として、次回購入時に使えるクーポンなどをインセンティブとして、実購買者にレビュー投稿を依頼するメールなどがよく使われます。

　しかし、商品の新発売時期などまだまだ実購入者が少ないケースにおいて

は、この手法が使えません。そんな時はECモールが提供している、レビューを獲得するプログラムを使用することも、一つの手段になります。実際にECモール側に登録されているレビュワーたちに商品をトライアルしてもらいレビューを書いてもらうやり方は、日本ではAmazonを中心に効果を発揮しています。

このようにしてECモール上にレビューを集めたら、あとは生活者の検討場所として活用されるだけ……。もしそう思っていたら、貴重な資産を活用し損ねていることになります。

ECモール上に溜まったレビューは、事業者にとって様々な使い方ができる、優れた「マーケティング資産」です。このマーケティング資産の活用法として、二つの手段が考えられます。

事業の改善ポイントの洗い出し

一つ目は商品開発など事業へのフィードバック材料として活用するやり方です。レビューには生活者の忌憚のない素直な声が含まれるため、ポジティブな意見もネガティブな意見も含めて、多くの「生声」が詰まっており、事業の改善ポイントの洗い出しが可能です。

そのため事業者としては、自社が出している商品のレビューを常にウォッチし、事業に反映することが求められます。このレビューの確認はかなりの労力を要し、かつ分析も難しいことが課題です。そのため我々HAKUHODO EC+では、図7.1.2のようにダッシュボード導入やレビューの言語解析などを行って、効率的なマーケティング利活用の支援を行っています。

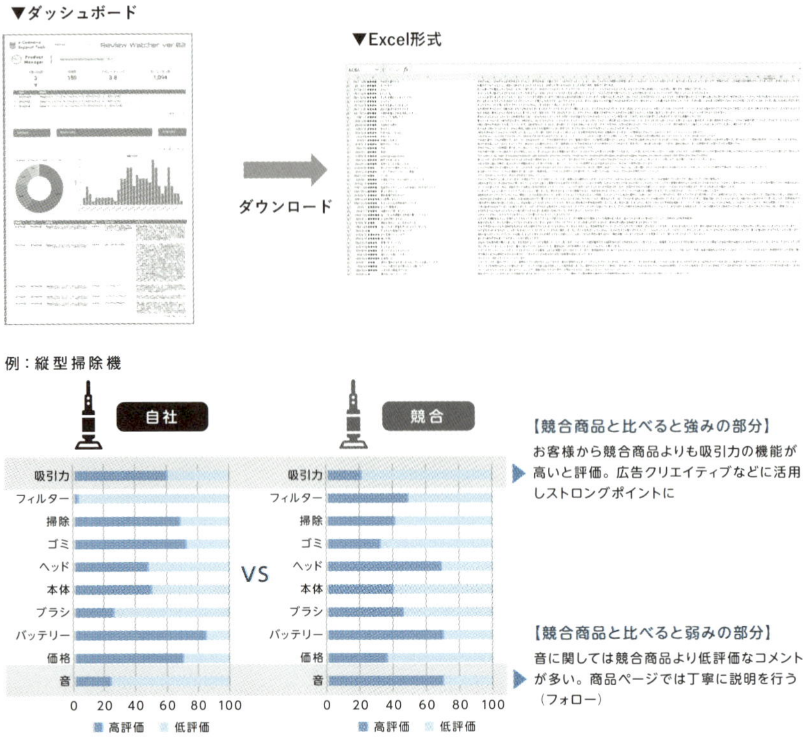
▼ダッシュボード
Review Watcher ver 02
▼Excel形式
ダウンロード
例：縦型掃除機
自社
競合
吸引力
フィルター
掃除
ゴミ
ヘッド
本体
ブラシ
バッテリー
価格
音
VS
0 20 40 60 80 100
高評価 低評価
【競合商品と比べると強みの部分】
お客様から競合商品よりも吸引力の機能が高いと評価。広告クリエイティブなどに活用しストロングポイントに
【競合商品と比べると弱みの部分】
音に関しては競合商品より低評価なコメントが多い。商品ページでは丁寧に説明を行う（フォロー）

図7.1.2　HAKUHODO EC+で行っているレビューダッシュボードサービスと言語化分析（サンプルデータ）

ユーザーレビューの広告活用

また、こうしたレビューを「広告」に活用するやり方も有効です、

例えば、図7.1.3の通り、実際のECモールにおける商品レビューを動画広告クリエイティブに活用するやり方は、昨今、我々HAKUHODO EC+が事業者に提供し、効果を発揮している手法です。

生活者に知ってほしい商品特徴を訴求するクリエイティブと商品に関する生の口コミやレーティングを同時に見せた広告素材を制作することで、実感をこめて、商品の良さを訴求することができます。実購入者の生声を判断材料にする現在の生活者トレンドにおいて、メーカーが主語の商品のUSP訴求

だけでなく、ユーザーレビューを活用する手法は購買促進において非常に効果的です。

　このように、ECモールの口コミは、生活者にとって購買の判断材料になるだけでなく、メーカー側のマーケティング資産になっています。

図7.1.3　ECモールのレビューを活用した広告クリエイティブ例

7.2
求められるSNS戦略とブランド体験の設計

生の情報を求める生活者

前節でお話しした通り、今の生活者はデジタル上で主体的に情報を取得し、それを基に購入の是非を判断するようになっています。そのため、ECサイトのユーザーレビューが良質であることは、ECでの販売はもちろん、オフラインの購買を促進するうえでも非常に重要な要素になっています。

このように、メーカーがCMなどで発信する情報を鵜呑みにするのではなく、実際にその商品・サービスを購入したユーザーの生声で判断しようとする生活者動向が強まっている中で、いかに生の良質な情報を伝えていくか? が事業を成功するうえで大事になってきています。

この節では、「生」の情報収集場所として生活者が身近に利用している「SNS」の事業設計における活用の仕方と、今後求められるようになっていくブランド体験の設計についてお話ししていきます。

SNSをどうとらえるか?

一言でSNSと言っても、現在の日本には多くのSNSが存在し、それぞれの特色を活かして使用されています。

有名なところでは、LINE、YouTube、TikTok、X（旧：Twitter）Instagramや Snapchat などが挙げられます。博報堂DYメディアパートナーズの調査によると、2024年時点の日本においてはLINE、X、Instagram、Facebook、TikTokの順で利用されています（図7.2.1）。

生活者は、利用目的に応じて複数のSNSを使い分けているのが実情であり、それは若い世代になればなるほど顕著に現れます。

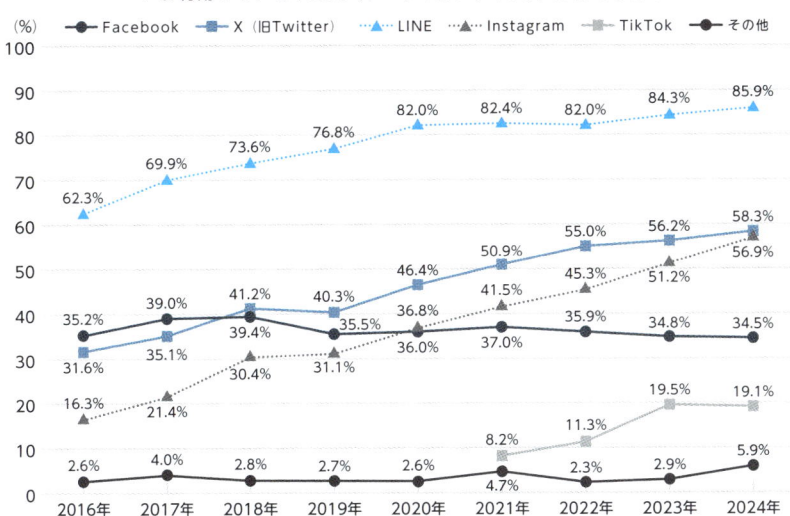

いま利用している「SNS（ソーシャルメディア）」は何ですか？

図7.2.1　日本における各種SNSの利用率

　特に、短文統合型SNSであるXや写真投稿型SNSであるInstagramは、世界中の人々とオープンにつながるミュニケーションSNSとなっており、商品購入後の生声をユーザーが自発的に書き、その情報が拡散されていくことが多いため、ECモールのユーザーレビューと同様に、きちんと情報の広がり方を事業者側でもプラニングしていくことが重要です。

　ではそのプラニングはどのように行っていくべきでしょうか？

二つの「役割」をきちんと実践すること

　ECビジネスを運営するうえで、SNSを二つの役割に分けて考え、双方を実践することが重要です。

　一つ目が、**オフィシャル情報を発信する**「公式拠点」としての活用です。新商品の発売やキャンペーン情報など企業からのメッセージを発信し、最新の情

報を生活者に伝える拠点としての活用は、既にほとんどの企業によって実践されています。しかし、その投稿内容と頻度は企業によってまちまちであり、作ったのはいいけれども放置されているような公式アカウントも少なくありません。

ここで、各社が事業を成功させるために意識しなくてはいけないことは、**生活者が求める最新情報を公式SNSからスピード感を持って発信すること**です。例えば、「新商品がいつから予約受付が開始されるのか」といった販売に関する情報から、年末年始の休業情報、配送の遅れなどのトラブルに関する情報など、必要なものが全てロスなく発信されているか、確認しましょう。これは簡単なように見えて意外とできていないケースが多く、「自社サイト」には情報を載せたものの、SNSでは告知が漏れているようなケースが非常に多いです。

一昔前と比べて、今の生活者はこうした事業に関連する最新情報を探す際に、まずは自分の使っているSNS上で各社の公式アカウントを見る傾向にあります。そこで必要な情報が上がっていないと、生活者から事業やブランドに対する信頼度は薄れていきます。逆に、常に新しい情報が公式アカウントから発信されているとわかるとアカウントをフォローするようになり、事業者として今後のマーケティング活用がしやすい関係性を築けます。

SNSの二つ目の役割は、**事業者と生活者が「生」の交流をする拠点として**のものです。スピード感ある公式情報の発信で獲得した企業の「誠実さ」への生活者のロイヤルティ、その先にあるブランドへの「愛着」へと昇華させることで、真のファンを育てることができます。そのために、企業は自らの公式アカウントに対するユーザーの声に耳を傾け、丁寧な返答をしていくことで、距離を詰めていくことが求められます。

ユーザーの声に耳を傾け、丁寧に返信しているブランドAと、情報発信のみでユーザーとのつながりが希薄なブランドBがあったときに、既存ユーザーが「自分たちを大切にしてくれている」と感じるのは前者になります。

そして今後購入を検討している生活者にとっても、ユーザーの声を大事にするブランドAのほうが魅力的に見え、購買検討ブランドになっていきます。

「買っているブランド」を、**「自分のブランド」**へと変化させ、生活者の中での位置づけを変えていくことが非常に大切になってきます。

またこうした「生」の交流のやり方は、何も一般ユーザーへの返信や自ブランドに好意的な投稿の取り上げを公式アカウントで行っていくだけではありません。

各種のSNSでブランド名などを検索すると、様々な方が「商品が届いた」「おいしかった」「デザインがかわいかった」といったポジティブな感想だけでなく、「思ったよりも届くのが遅かった」「サイトで見たイメージと違っていた」といった、事業に関連するコメントをオーガニックで投稿していることが発見されます。自分たちの行ったマーケティング活動がSNS上でどんな生声を集めているのかを24時間常にチェックし、生声を基にした事業の改善や新しい情報の発信を、スピード感を持って行っていくことが求められます。

そのため、企業の広報担当者は、各SNSでの自ブランド・自社名の検索を常日頃から行い、情報感度を限界まで高めていくことが大切です。そこで得た声にきちんと耳を傾け、改善し、発信していく**双方向のコミュニケーションチャネル**としてSNSを考え、活用していく必要があります。

最終的に、企業は各SNSを生活者とつながる事業の最前線として活用することで、新規顧客の獲得〜既顧客のファン化を行い、ユーザーの声で事業を進化させるマーケティング・プラットフォーム（**図7.2.2**）にすることができます。

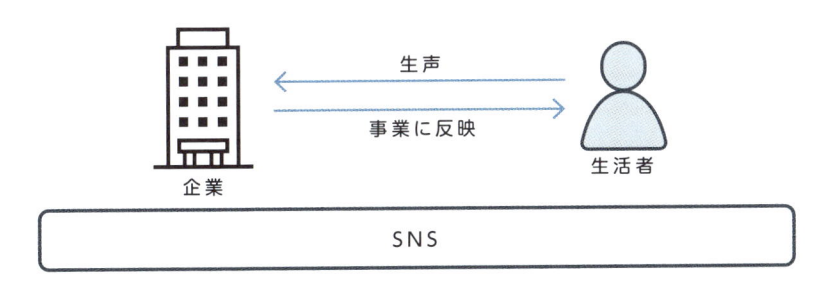

図7.2.2　SNSのマーケティング・プラットフォーム化

インフルエンサー起用のメリットとデメリット

SNSを活用したECマーケティングを考えるうえで、各社からいつもご質問

をいただくのが「インフルエンサー起用」についてです。

　海外、特に中国ではモノを売ることに長けたインフルエンサーはKOL（Key Opinion Leader）と呼ばれ、彼らの生配信がオンラインコマースの主戦場になっています。

　日本市場においては、本書を執筆している2025年初頭、こうしたKOLの生配信による購買文化はまだまだ成長途中ですが、インフルエンサーに企業が依頼し、「#PR」を付けてSNS上での商品紹介の投稿を依頼する「インフルエンサーマーケティング」は、長らく化粧品やサプリメントブランドで活用されてきました。歴史的には、各種ブログサイトでの商品紹介などに端を発しており、20年近く形を変えながらも活用されている手法です。多くのケースでは、インフルエンサーのフォロワー数やエンゲージメント数に比例したコストを企業が支払い、商品を紹介してもらうことで、SNS上で多くのユーザーにリーチし、商品理解を促進させるために使用されます。

　この手法は費用に対するユーザーへのリーチ数が計算しやすいことから、多くの企業がEC売上を立てるための認知メディアとして真っ先に検討し、トライしようとします。

　しかし、次のポイントを理解せずに取り組んでしまうと、正しい効果が出ないのがインフルエンサーマーケティングの難しさです。

　一つ目は、もともと生活者に受けていた表現の「生っぽさ」がなくなってきていることです。

　かつてはインフルエンサーの企業タイアップ投稿は、ルールがほとんどなく、各インフルエンサーが自由な表現で商品を紹介していたために、その表現の「自然さ」が生活者に受けていました。企業公式の投稿ではなかなか表現しづらい使用感や味などへのユーザー目線での表現が、生活者目線での商品理解につながり、購買への動機付けになっていました。しかし、どんどん表現が過激になり、企業のPR案件であることを隠した投稿が増え、ステルスマーケティングが大きな社会問題として扱われるようになると、表現自体にも規制が入るようになりました。そのため、全面的に企業タイアップであることが明記されるようになった現在のインフルエンサーによる投稿は、かつてあった表現の生っぽさを徐々に失いつつあります。

　二つ目は、ユーザーの「SNSリテラシー」の向上です。

デジタルネイティブ世代の人口比率が増え、デジタル上での情報リテラシーが上がった現在、生活者はデジタル上の情報の「真偽」や「熱量」に敏感になっています。そのため、インフルエンサーの投稿に一貫性や熱量が欠けている場合、「本人はこの商品を推してもいないけど、仕事で紹介しているのだな」と冷めた目で見られるケースが増えています。もちろん、本当にインフルエンサーが使用し、推しているブランドであれば、その投稿で商品の魅力がきちんと伝わりますが、インフルエンサーという仕事に対する認知度が上がっている今、生活者はオンラインサイトのカスタマーレビューと同様に厳しい目線でその真偽をチェックしています。

エヴァンジェリスト・マーケティングの可能性

　一方で、インフルエンサーマーケティングと混同されがちな定義でありながら、昨今ECマーケティングで効果を発揮している手法が「**エヴァンジェリスト・マーケティング**」です。

　エヴァンジェリストとは、日本語に訳すと「伝道者」という意味になり、この活用はD2Cブランドのマーケティングで重視されてきました。これは、「ブランドのことが好きで、そのブランドを周りに広めたい」という熱量を持っているファンを「エヴァンジェリスト」と定義し、そのエヴァンジェリストたちの熱量をいかに外へと広げていくかを重視するマーケティング手法です。

　エヴァンジェリストは、タレントやインフルエンサーに限らず、**一般生活者も含めた「外に広める熱量を持ったファン」**を指します（図7.2.3）。

　もともとブランドのファンであるエヴァンジェリストは、商品・サービスの良さを生活者として実感しており、時にはメーカー側でも気づかないような推しポイントを見つけています。さらに、一定域を超えたファンは、「自分の好きなものを自分の仲間（家族、友人など）にも教えていきたい！」という推奨意向を持つようになります。エヴァンジェリスト・マーケティングは、彼らのこうした心理を大切にしながら、メーカーが彼らの気持ちを動かし、また他者に推奨したくなるための仕掛けを提供していくことで、生のポジティブなユーザーレビューによる推奨をSNS上で拡散させていくマーケティングです。

エヴァンジェリスト
Evangelist

インフルエンサー
Influencer

SNS

元々ブランドのことが好きで、
周りにすすめてくれる人

「仕事」として
ブランドを紹介してくれる人

商品やブランドのことが好きで、
自発的に広めてくれる可能性の高い人
（熱量を持っている人や、一般ユーザーも含む）

ブランドへの好意に関係なく、
仕事としてSNSでPR活動を行う人
（多くのケースでブランドとの出会いは「仕事」）

図7.2.3　エヴァンジェリストとインフルエンサーの定義の違い

エヴァンジェリスト・マーケティングで重要なこと

　ここで重要なことが二つあります。

　一つ目は、企業姿勢として「エヴァンジェリスト」たちを一番大切にすることをしっかり示し、コミュニケーションを取ることです。いくらブランドのファンである彼らとはいえ、ブランド側が彼らを大切にする姿勢を示さなければ、その熱量は冷めていきます。そのため、エヴァンジェリスト・マーケティングに取り組む際には、彼らからの見られ方、彼らの気持ちを考えて、仮にインフルエンサーを起用するとしても、彼らが納得するような人選を行うなど、マーケティング施策の詳細まで慎重に考える必要があります。

　二つ目はエヴァンジェリストがSNSで他者に推奨するための「武器」を、きちんとメーカー側から提供することです。周りへと広げる熱量を持っていても、機会がないと人はなかなか行動に移しません。そのために、よく行われる「友達紹介キャンペーン」を発展させたキャンペーンや公式アカウントでの投稿企画キャンペーンなど、エヴァンジェリストたちが企業の後押しを得て、周りに良さを広げる機会をきちんと作ってあげることが重要です。

　この通り、「生のユーザーコメント」を重視しつつもその真偽や熱量に対して敏感な今の生活者に対しては、ただ情報を撒けばいいのではなく、既にブ

ランドのファンになってくれた「エヴァンジェリスト」たちを大切にし、彼らに周りに推奨するための「武器」を渡して、SNS上に良質な口コミとファンたちからの推奨の輪を広げることが重要です。そのため、メーカーは既に熱量と愛着を持っているエヴァンジェリストを常に把握するだけでなく、今後のメーカー側からのアプローチによってファン化が一段階進むとエヴァンジェリストになる可能性が高い「エヴァンジェリスト予備軍」を把握し、コミュニケーションを取ることが重要です。

エヴァンジェリストの数と熱量を上げるサイクルがきちんと回っていけば、きっとその中には事業拡大の際に助けてくれるタレントやインフルエンサーなども入ってくるでしょう。そのタイミングで彼らを広告などで起用することが、今のECビジネスの「急がば回れ」の勝ち筋の一つにもなります。

「生活者共創マーケティング」という新たな勝ち筋

ここまで述べてきた通り、デジタル上での生の口コミがECビジネスの成否を左右するこの時代において、各企業は成功の確度を高めるために、そもそもの「ブランドの作り方」自体を変えていく必要が出てきています。

かつてデジタルチャネルが普及する前、TVCMを流して店頭に集客する手法で宣伝～物販が完結していた時代では、各企業は自分たちのカラーを強く出した確固たるブランドを作り、広告で生活者にイメージを植え付けることで売上を伸ばしてきました。しかし、現在では画一的なブランドイメージのインプットは生活者の共感を生みづらいため、ブランド体験の在り方も見直されてきています。

そこで、我々HAKUHODO EC+が昨今着目しているのが「**生活者共創マーケティング**」という新しいブランドの作り方です。

これは、**ブランドを企業の持ち物ではなく、「生活者と一緒に作っていくもの」と定義し、企業と生活者の間で常にアップデートする考え方**です（図7.2.4）。

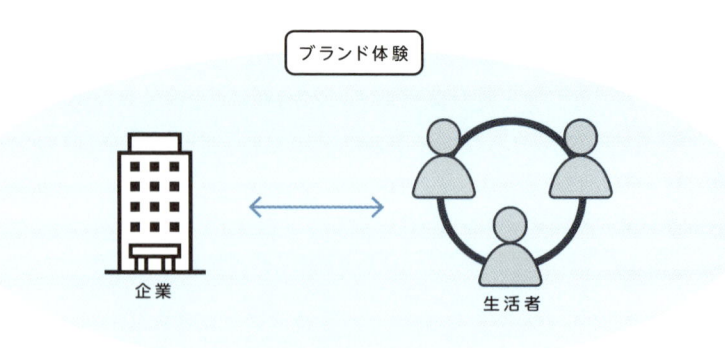

図7.2.4　生活者共創マーケティングでのブランドづくり

　この考え方で重要なのは、ブランド価値を企業側でがちがちに決めきってしまうのではなく、エヴァンジェリストのようなファンになった生活者たちにブランドづくりに関与する余地を残すことです。

　例えば商品開発において、メーカーだけで全ての仕様を決めるのではなく、熱量の高いファン（エヴァンジェリスト）たちの生声を座談会やインタビューで集め、一緒に開発に臨んでもらう、といったことが考えられます。また、ローンチした後の商品についても、その発信をメーカー主語で行うだけでなく、エヴァンジェリストたちが自らファン代表として、商品の良さを広めていくといったブランド開発と事業の広げ方を行っていきます。

　この方法は、メーカー目線で見ると、事業者目線だけでなくファン代表であるエヴァンジェリストたちの声を聴いてブランド体験をアップデートできるため、マーケティングの精度が格段に上がっていくメリットがあります。さらにエヴァンジェリストたちからすると、「憧れのブランド」ではなく、「自分のブランド」として自分ごと化をしてくれるので、より熱量を持って他者に推奨してくれます。

　こうしたメーカーと生活者の中での熱量の輪は、外からも「ファンを大事にする企業／ブランドだな」と好意的に受け止められるため、またその輪に入って行きやすくなります。こうしたサイクルを作り、ブランドを広げていく手法は、SNSが当たり前のものになっている今だからこそ効果が見込みやすいで

す（図7.2.5）。

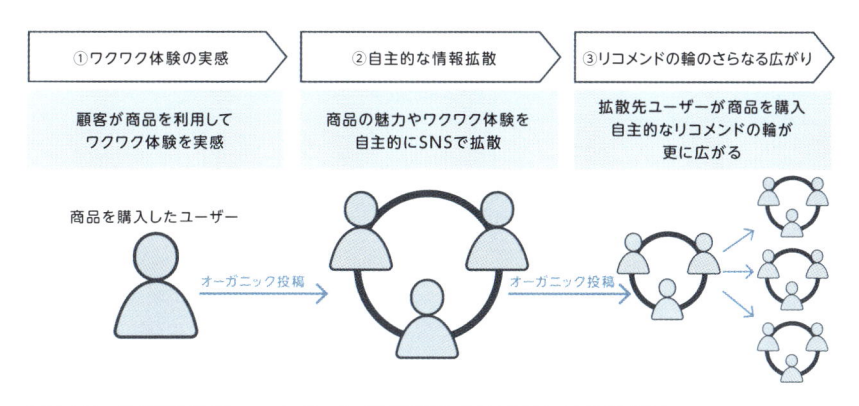

図7.2.5　生活者共創マーケティングが実現するブランドの広がり

　こうした生活者共創マーケティングの好事例として、次節では実際に私たちとともにECの新しいブランドづくりに挑戦した企業をご紹介します。

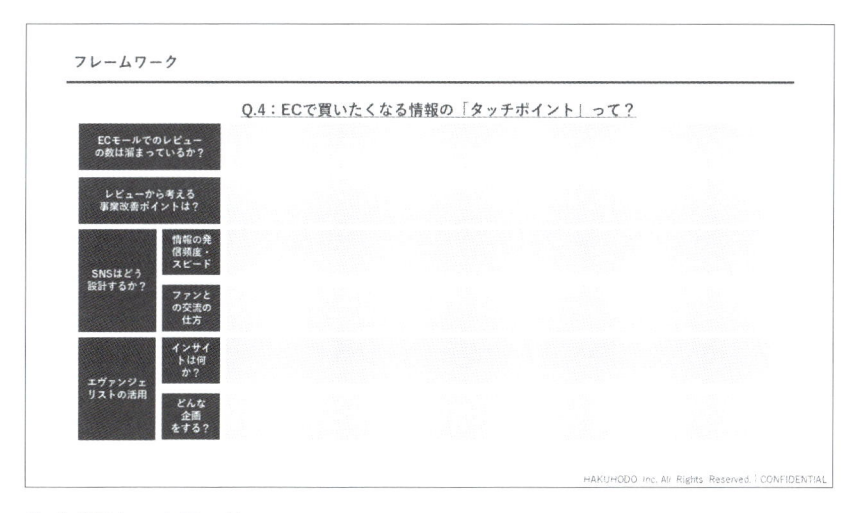

Q.4のフレームワーク

7.3

「生活者共創マーケティング」事例：
梅乃宿酒造株式会社

梅乃宿酒造株式会社

BtoBがメインの酒蔵がD2Cに新規チャレンジ

　本節では、我々HAKUHODO EC+の支援先の一つである、梅乃宿酒造株式会社さま（以下、梅乃宿酒造）の先進的な「生活者共創マーケティング」の事例をご紹介します。

　梅乃宿酒造は、1893年創業の奈良県葛城市の日本酒の酒蔵です。「葛城」「白鳳」などの日本酒に加え、「あらごし梅酒」「あらごしゆず酒」といった日本酒を使用した果実リキュールを販売しています（図7.3.1）。「新しい酒文化を創造する蔵」をモットーに、今までの日本酒業界の常識を覆す様々なチャレンジを行ってきた梅乃宿酒造ですが、販路としては酒販店や卸を通じたBtoBに限定されてきました。生活者と直接つながり、お酒のワクワクを伝えていきたい、そう考えた梅乃宿酒造の皆さんが取った選択は、新しくBtoCチャネル、それもECサイトを立ち上げて、直接商品を販売するD2C領域への挑戦でした。

図7.3.1　梅乃宿酒造が販売している日本酒やリキュールシリーズ一覧

立ち上げ時期の悩みと事業コンセプトの決定

　2020年に自社ECサイトを立ち上げた梅乃宿酒造ですが、当初は思うように売上が上がりませんでした。主な要因として、次の二つが考えられました。

　①もともとがBtoBメーカーであったことによる、社名やブランドに対する
　　一般生活者からの認知不足
　②従来製品をそのまま売っていることによる、EC上の商品販売ライン
　　ナップの独自性不足

　ちょうどこうした最初の壁にぶつかっている時期に我々HAKUHODO EC+がお手伝いをするようになり、一緒に課題の解決に取り組みました。

　まずは改めて梅乃宿酒造がもともと持っている価値や考え方に立ち戻り、BtoCビジネスをなぜやるのかを言葉にすることから始めました。梅乃宿酒造は、D2C領域に挑戦する前から「新しい酒文化の創造」というパーパスと、「驚きと感動で世界中をワクワクさせる」というミッションを持っています。その実現のために、生活者と直接つながるD2Cビジネスで、今までできなかった「生活者と直接つながり、ワクワクするお酒の体験を一緒に作っていく」ということを「#ワクワクの蔵」（図7.3.2）というビジネスコンセプトに落とすことで、事業としてのスタートラインを引きました。

図7.3.2　Ｄ２Ｃビジネスを始める際にコーポレートサイトで行った「宣言」

梅乃宿式「生活者共創マーケティング」

　続いて目標とする事業計画を達成するために、マーケティング戦略を定めることになりました。この際、「生活者の自社に対する認知不足」「ECサイト上での商品の独自性不足」といった先述の事業課題に加え、地場の酒蔵として大手酒造メーカーと比べて使えるマーケティングコストが限られているという条件も加味する必要がありました。

　そこで梅乃宿酒造が選択したのは、梅乃宿式「生活者共創マーケティング」へのチャレンジでした。生活者とワクワクする体験を作っていきたいと考えていた梅乃宿酒造にとって、生活者共創マーケティングはぴったりの考え方でした。それだけでなく、目標とする高い売上KPIを達成するためには、獲得型広告に費用を投下する従来型ダイレクトマーケティングの手法ではコスト面で限界があり、ファンの熱量によるブランドの広がりのブーストが不可欠だったこともこのマーケティング手法を選択した背景にありました。

　ここで梅乃宿酒造の皆さんが大事にしたことが二つあります。

　一つ目は、生活者と一緒に、ワクワクする新しいブランド体験を作ることです。

　二つ目は、エヴァンジェリスト・マーケティングを行い、安易なインフルエン

サー起用は原則行わない宣伝方針を取ったことです。

それぞれを簡単にご紹介します。

生活者とともに創る「ワクワクするブランド」

生活者共創マーケティングで重要な「一緒に生活者とブランドを創る」というブランドづくり。梅乃宿酒造は、これを「PARLOR あらごし」というEC限定ブランドを立ち上げ、その中で実現しようとしました。ここで発想を従来と大きく変えたのが、ブランドづくりと紐付く「商品開発」の在り方です。

従来の商品開発では、メーカーサイドが伝えたいブランドの思想を定め、それに合う形で味や仕様をまず固めます。そうしてできた商品に対して、商品の楽しみ方、販売手法を決めていくプロダクトアウトの進め方がとられてきました。しかし、生活者との共創をモットーに立ち上げた「PARLOR あらごし」では、生活者がワクワクする体験が何か？を先に考え、それを基に味や形状を決めていく**「エクスペリエンスアウト」**とでも言うべき進め方で商品開発を進めました（図7.3.3）。

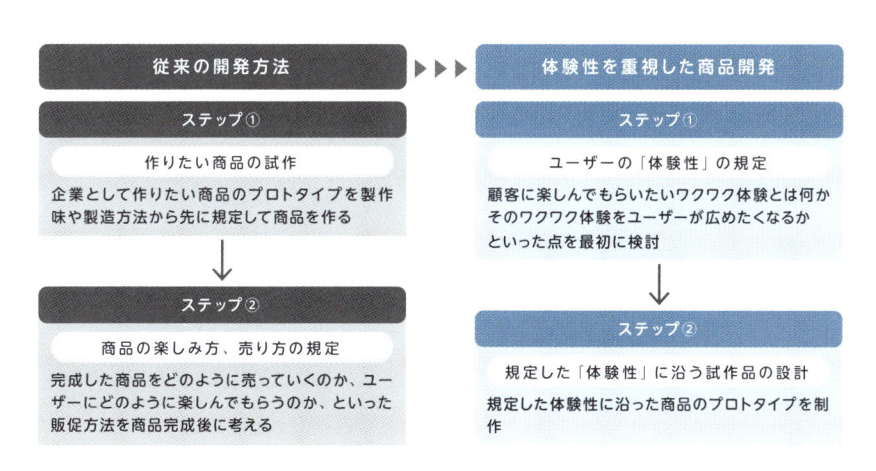

図7.3.3　商品開発の考え方の転換

そうして生まれたフラッグシップブランド「大人の果肉の沼 いちご」というお酒は、「飲む。食べる。かける。たのしみ方、超自由。」をコンセプトに、

生活者がそれぞれいろんな形で楽しめるような「極限までドロドロにしたイチゴの果肉のお酒」として製造、発売しました（**図7.3.4**）。これは、ユーザーにとってどんなお酒があれば、その楽しみ方でワクワクできるか？ そしてそれをSNSで発話したくなるか？ という発想で作られたものです。

図7.3.4　PARLOR あらごし 大人の果肉の沼「いちご」

エヴァンジェリスト・マーケティングの実践

　二つ目が、エヴァンジェリストを第一に考えるマーケティング戦略を取ったことです。前述の通り、梅乃宿酒造の課題は「企業・ブランド」に対する認知不足でした。そのため、本来ならば手っ取り早く、デジタル上のリーチを計算しやすいインフルエンサーマーケティングに投資していきたいところです。しかし梅乃宿酒造の皆さんは、そこに投資するのではなく、自分たちのブランドを愛し、信じてくれるファン、そして特に熱量を持ったエヴァンジェリストたちの口コミの言の葉にどう乗せるか？ を重視することにしました。このため、徹底的にファンの方々の声を聞くための座談会やインタビューを行い、そのインサイトを深掘りし、彼らが喜んで他者に推奨したくなるような企画を考え、実施しました。

　また、ファンではない一般のインフルエンサーの起用はしませんでしたが、

梅乃宿酒造の皆さんはエヴァンジェリストのタレントをアンバサダーとして起用する、というやり方は積極的に実施しました。

　例えば、梅乃宿酒造のファンだった声優の方に「タレント・エヴァンジェリスト」としてアンバサダー活動をお願いし、その熱意を活かした企画を展開することで、ほかのエヴァンジェリストの共感も得ながら、外部に向けた熱量のある発信を実現している、という例があります。元からのファンであれば、映像やSNSの投稿一つを取っても、周りに「生の熱意」が伝わり、強く響きます。そうした施策だけでなく、エヴァンジェリストの熱量を定期的に生み出せる仕掛けも用意しています。一例として「梅乃宿KURABU」というオリジナルオンラインサイトのコミュニティがあります。ここでは、エヴァンジェリストたちと梅乃宿酒造メンバーが一緒になって、会話や企画を常に行い、つながり続けています。単にファンと梅乃宿酒造社員が交流するだけではなく、コミュニティに参加したファンの声を基に商品開発を進めるなど、生活者共創を体現する場所になっています（**図7.3.5**）。

図7.3.5　梅乃宿KURABUが提供する、生活者と共創で商品開発を行うオンラインコミュニティ「ワクワク開発ラボ」

EC売上が半年で10倍に！

こうして様々な生活者共創マーケティングのチャレンジを始めた梅乃宿酒造は、「ワクワクの蔵」のコンセプトに基づくECサイトの大幅リニューアル、そして「PARLOR あらごし」シリーズの発売を行った2カ月後、大きな波を経験します。

なんと、「大人の果肉の沼 いちご」を買った一般ユーザーの、X（当時はTwitter）上のオーガニックな投稿（この商品の名前や特徴にびっくりした趣旨の文章と写真）が起点となり、約1.2万のリポスト（リツイート）が発生するバズが発生します。

そこからしばらくの間は製造後即完売が続き、購入したユーザーの好意的な口コミや買いたいユーザーの声がSNS上でループする図式が発生しました。まさに狙っていた「生活者をワクワクさせ、SNS上でエヴァンジェリストたちが広げていくループ」を生み出すことに成功したのです。

結果として、ECサイトリニューアルからの半年で、売上が約10倍まで成長し、想定を超える初年度・2年目の事業の立ち上がりに成功しました。さらに、今までなかなか取れてこなかった若い世代をデジタルマーケティングで開拓したことで、もともと主戦場としていたBtoBtoCの領域も併せて拡大し、本書執筆時点で会社全体として大きな成長を成し遂げています。

こうした梅乃宿酒造のチャレンジは、マーケティングの世界でも高く評価され、2023年には日本マーケティング大賞の奨励賞を獲得しています。

このように、全国的な認知に課題がある地域のメーカーであっても、自社の開発力やブランド理念を強みとして活用し、マーケティングの力でECを軸にビジネス全体を大きく成長させることが可能です。その点で、梅乃宿酒造の挑戦は、ECの可能性を力強く示してくれる好例と言えるでしょう。

事業者からのメッセージ　梅乃宿酒造　古澤 幸彦さま

古澤 幸彦 氏
上席執行役員 マーケティング部 部長
梅乃宿酒造株式会社

　梅乃宿酒造の古澤です。

　本文でご紹介いただいた通り、我々は梅乃宿式「生活者共創マーケティング」を、この数年実践してきております。

　「ユーザーと一緒にブランドを構築し、育てていくこと」を主眼にして、全てのマーケティング施策を考え、実行に移していくことは、日々新しい発見ばかりで、社員一同ワクワクさせていただいています。

　我々はこの活動を、自社／ブランドの認知を上げることから、商品開発を行って新たなファンを発見するところまで、梅乃宿酒造にとって新たな価値を創出する全ての領域に広げています。

　このように生活者共創マーケティングの実践をする中で、我々が常に自らに立てる四つの問いがあります。

①いかに熱量の高いファン（コアメンバー）をつくることができるか？
②ファンが自らやってみたい、周囲に話したいと思える内容（体験）になっているか？
③ファン自らがさらに体験を発展させることができる自由度があるか？
④ユーザーを楽しませるために、まず企業側が楽しいと感じられる内容か？

　こうした問いを立て、きちんと生活者とワクワクするブランド体験を作れているかを確認することは、多岐にわたるマーケティング活動の中で非常に重

要だと感じています。

　そして、当パートの執筆者である桑嶋さんをはじめ、HAKUHODO EC＋の皆さんには、「クライアントと広告会社」という関係を超え、我々の課題解決に「事業パートナー」という立場で、積極的に関わっていただけたことが非常にありがたかったです。自社だけではなかなか完結できない、事業戦略、コピーライト、デザイン、PR、広告などの各分野のノウハウをもったメンバーが、「チーム梅乃宿」として一体感をもった体制で臨んでくれたことが非常にうれしく、信頼できる仲間として事業を一緒に進めてきました。

　これからも我々梅乃宿酒造は、皆さんと一緒にワクワクするチャレンジを行ってまいります！ ぜひ、奈良の酒蔵にも一度遊びに来てくださいね。

第8章

Q.5
もう一度
物を買いたくなるための仕掛けって？

ECビジネスを考えるうえで重要なのは、新規客を獲得するだけでなく、一度購入してくれた既存顧客にリピートを促し、LTVを高めていくことです。

この章では、顧客のLTVを高めるためのCRM活動の基本的な考え方と、その際に求められる様々な「仕掛け」を生み出すための発想の仕方を詳しく説明していきます。

8.1

買い続けるための「仕組み」とは?

今のECビジネスで求められるCRMとは?

　今のECビジネスを成功させるためには、新規の顧客をただ獲得するだけでなく、CRM（Customer Relationship Management）活動を積極的に行い、中長期的な関係をきちんと構築することで、顧客一人当たりのLTV（Life Time Value）を高めていく必要があります。

　しかし第1章で述べた通り、ECのCRM活動＝「ユーザーにものを買わせ続ける活動」という目線だけになってしまうと、なかなかLTVは向上していきません。

　この章では、CRM活動の基本的な考え方と求められる仕組みづくり、それらを実現する「コマースクリエイティブ」という考え方について深掘りしていきます。

CRMを行うための土台づくりを行う

　ECビジネスでCRM活動を行うために、やらなくてはいけないことが二つあります。一つ目は「顧客の理解」、二つ目は「基本的な環境整備」です。順を追ってご説明します。

「顧客の理解」〜定量・定性でのアプローチ〜

　一つ目の「顧客の理解」について説明します。まず、自社で獲得した新規顧客がどのようなユーザーで何を求めているのかを、定量・定性の両面からきちんと把握していく必要があります。

　そのためには顧客データを整理し、性年代や購入回数ごとに区切って分析できる状態を整えておく必要があります。

その際、従来のダイレクトマーケティングでよく使われてきた「RFM分析」（**図8.1.1**）などの手法が活用されます。

図8.1.1　RFM分析

　また、忘れてはいけないのが定性面です。デプスインタビューやグループインタビュー、はたまたコールセンターに寄せられたVOCの分析などにより既存顧客の生声を調べ、「彼らが何を求めていて、リピート購入してもらうためのヒントはどこにあるのか？」をクリアにしていくことが重要です。データを活用した数値面と顧客の生声を起点としたコミュニケーション面の双方のアプローチで現状を分析していくと、CRM活動の方針が自ずと見えてきます。

「基本的な環境整備」〜施策を行うための土台づくり〜

　二つ目の「基本的な環境整備」は、今後のCRM活動を行っていくためのシステムづくりを指します。顧客理解に必要なデータを分析するためのデータ保持体制と分析体制、メールなどを使ったメッセージ配信によって顧客にアプローチするためのMA体制、そして後述するロイヤルティプログラムやコミュニティの導入など、整備しなくてはいけないものは多々あります。

　ここで重要になってくるのが、他章でもお話ししている通り、事業戦略にあった環境整備を行うことです。決して手段を先行させることなく、目的に沿った環境づくりを行うことを意識してください。

CRM施策を設計する

このように基本的な仕組みが整ったら、次にCRMの方針を決め、施策を設計するフェーズに入ります。

施策を設計する際には、図8.1.2の分類を参考に整理しながら行います。

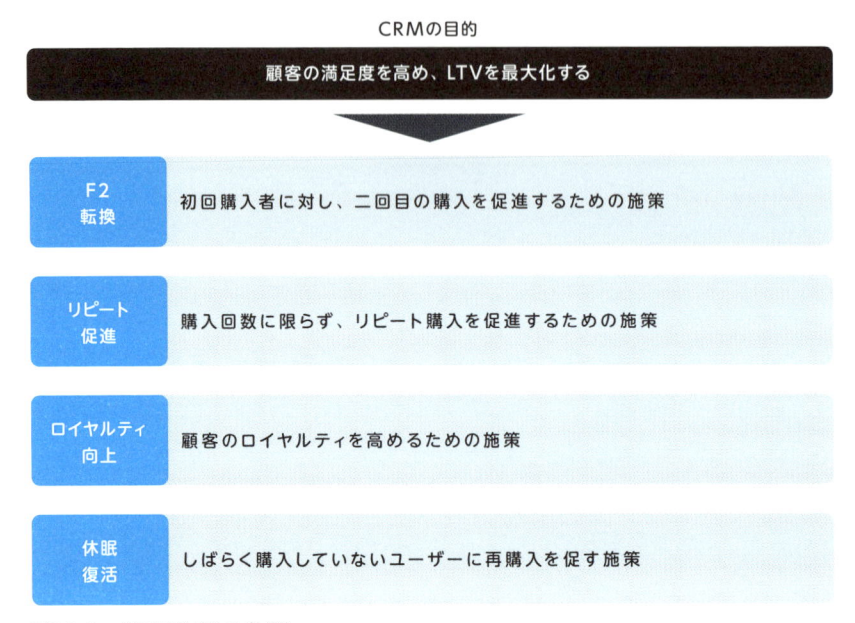

図8.1.2　CRM施策の分類

F2転換施策

F2転換施策とは、お試し商品などを初めて買ったお客様に、二回目（F2＝Frequency 2の略）の購入を促すための施策です。

多くのECビジネスでは、初回トライアルのハードルを下げるために、値引きやプレゼントのオファーをユーザーに提供するのが一般的です。結果的に、商品を実際に使用して良さを実感してもらった後、通常価格（もしくは値引き幅を抑えた価格）で購入してもらう「二度目の壁」への対応が非常に重要になります。

この「二度目の壁」を超えるためには、初回購入後に商品やブランドの良さをしっかりと実感してもらうためのシナリオの設計が欠かせません。例えば、サプリメントECでは、ユーザーに商品の効果を実感してもらうため、数日おきにLINEやメールを活用してコミュニケーションを図る手法が取られることがあります。

リピート促進施策

「F2転換施策」と少し似ていますが、主にF3以降のユーザーに向けて買い続けてもらうための施策です。主にメールやLINEを活用したMAシナリオが組まれることが多いです。

ロイヤルティ向上施策

ある程度の購入回数を経験している「ロイヤルティが高いユーザー」向けに、よりブランドを好きになってもらうための施策です。

例えば、ユーザーの誕生日にはがきを送ったり、継続特典のプレゼントを贈ったり、自社の工場見学に招待したり……と施策の幅が広いのが特徴です。この活動の成否でECビジネスの成功が決まると言われています。

休眠復活施策

休眠復活施策は、しばらく購入がないユーザーや、定期コースを解約してしまったユーザー（総称して休眠ユーザーと呼びます）などを対象に、商品の再購入を促すための施策です。多くの場合、休眠ユーザー用に準備された値引きのオファーをつけたメールや郵便物を送ります。

ここで重要なのは、ユーザーが「なぜ休眠しているか?」をきちんと把握しておくことです。定期解約時に取ったアンケートや休眠ユーザー向けの調査資料などを用いて、価格が高すぎるのか、効果実感できていないのか、味なのか? など休眠理由をはっきり認識しておくことで、この施策の成功確率は上がっていきます。

変容する生活者インサイトを理解する

　ここまで基本的な考えを整理してきましたが、従来型CRM施策である「値引きオファーを各タイミングで配信するCRMシナリオ」を組むだけでは、現在のECビジネスで成功するのは難しくなっています。

　その背景として、ECビジネスの発展と生活者のインサイトの間で生じたギャップの拡大が挙げられます。

　ECビジネスは、これまで「生活者に効率的にモノを届ける」という目線で発展し、システムや仕組みに重点を置いて成長してきました。生活者が迅速に商品を見つけ、手軽に購入できるように、UI（ユーザーインターフェース）やUX（ユーザーエクスペリエンス）が、効率最優先でデザインされてきたのです。そのため、事業者と生活者の関係でも、モノの売り買いをいかに効率的に、お得に行うかが重視され、そうした考えに基づくCRM施策が求められてきました。

　この考え方自体は間違いではないのですが、今の生活者は単に商品を効率的に購入するだけでなく、購買体験そのものに意味や感動を求めるようになっています。「モノ」から「コト」へ、**求めるものが変化してきている**のです。

　そのため、生活者にリピートさせるための仕組みや施策づくりも、発想を切り替えていく必要があります。

　例えば、ECサイトの設計の仕方が挙げられます。かつては、いかに利便性を追求し、シンプルな検索機能を提供することがECサイトづくりにおいての勝ちパターンでした。しかし、今の生活者は、こうした利便性に加えて、「探す楽しさ」や「思わぬ形で、自分にぴったりの商品を発見できた喜び」を求めることも多く、効率性のみを追い求めたサイトでは、こうしたユーザーをリピートさせることができません。

　そのため、昨今成功しているECサイトでは、カテゴリ整備や検索窓の導入といった効率性を担保するだけではなく、ユーザーのモチベーションに合わせたハッシュタグを導入するなど「楽しく、偶然の出会いに満ちた体験」を提供できる設計でリピートを促しています。

　このように、生活者の求めるものが徐々に「モノ」から「コト」へ変化していく中で、エモーショナルなつながりやエンターテインメント性、パーソナライズ

された体験を提供することが、ECビジネスにとって重要になっています。

「ロイヤルティプログラム」を見直す

　本書執筆時点で、特に仕組み面で、最も生活者インサイトと従来型アプローチのズレが顕著に現れているのが「ロイヤルティプログラム」です。

　多くのECビジネスでは、ユーザーへのロイヤルティ還元施策の一環として、購入回数や購入金額に応じてポイント還元率が変わる「ロイヤルティプログラム」を導入しています。そこで溜まったポイントは、そのサイト上で商品購入時に「値引き」として利用されています。

ロイヤルティプログラムにまつわる発見

　こうしたロイヤルティプログラムは、今一体どうなっているのでしょう？ 実際にあるメーカーの自社サイトで行っているECビジネスでは、次のようなケースがありました。

- ・ロイヤルティプログラムでは、各ユーザーの年度の商品の購入金額に応じて、商品購入に使える1〜3%のポイントを還元している
- ・ロイヤルティプログラムでの値引き還元額が事業のPLをかなり圧迫し、収益に影響が出ている
- ・ロイヤルティプログラムは事業開始時から導入しているもの。既存顧客からのクレームを恐れて、制度は改訂できていない

　こうした相談を受けた我々は、現状を分析するため、顧客データや生声を収集しました。そこでわかったことは、この事業では「ポイント還元がほとんどロイヤルティに寄与していない」という衝撃の事実でした。

　調査で実際に寄せられた声は、次のようなものです。

- ・ポイント還元での値引きがよくわからない
- ・値引きよりも体験型の特典を充実してほしい
- ・その値引き分を商品開発に回してほしい

定量データと照らし合わせても、メーカーが長らく支持されていると思っていた現状のロイヤルティプログラムは、収益を圧迫する割にほとんど効果を発揮していませんでした。

　この結果を踏まえて、この会社は従来のロイヤルティプログラムを改訂し、値引き還元をやめました。代わりに、溜めたポイントで限定商品を渡したり、ファンイベントなどリッチな顧客体験を受けられるような仕組みを導入しました。これにより、事業コストを圧縮できただけでなく、ユーザーのLTVも上がるといった収益改善に成功しました。

　これは決して「値引き自体が悪い」というわけではありません。このメーカーの「自社ECサイトで行っている事業」では、値引きによるロイヤルティプログラムがユーザーのLTVに寄与しない、ということを指しています。楽天などポイントが多くの場所で使えるロイヤルティプログラムは支持されているので、使える場所の少ないポイントはユーザーからするとメリットに感じにくいという面で大きいです。

　この例からわかるように、大事なことは「**顧客の声を聞いて、適切なCRM基盤を作っていくこと**」「**コト体験をいかにユーザーに提供できるかを考えること**」です。また、前提を疑って改めて顧客の声やデータに立ち戻ることも重要だと考えています。

　ここまでCRMの基本的な考え方と今の生活者インサイト、そしてロイヤルティプログラムなど仕組み面についてお話ししてきました。次節では、より「施策」にフォーカスした考え方をご説明します。

8.2
新規顧客を真に定着させるには？

「コマースクリエイティブ」の必要性

　ここからは前節の考え方を踏まえ、より具体的に「成功するCRM施策」を立案するための企画設計について掘り下げます。

　HAKUHODO EC+ではコマース領域で生活者がワクワクするような購買体験やエグゼキューションを開発することを「コマースクリエイティブ」と呼び、この章のテーマのような「ECに通い続け、買い続けてもらう」ことを目指した施策も数多く手掛けています。

　「コマースクリエイティブ」を設計するには、次の三つの目線が重要です。

①クリエイティブな視点を大切にすること

　単なる商品販売にとどまらず、ECサイトに通い続け、買い続けてもらうためには生活者に「また来たい」と思わせるような魅力的なコンセプトやキャンペーンのアイデアが重要です。

　例えば、商品紹介一つとっても創造性は欠かせません。共感ポイントを押さえながら引き込まれる話の筋を作ることができれば、ECサイトとユーザーの間に強い感情的つながりが生まれます。また、季節ごとの特集も、継続的に関心を引くストーリーをデザインすることができれば、リピーターを増やすことが可能になります。

②生活者発想で考えること

　ECサイトでの体験を設計する際にも、常に生活者の視点で商品やサービスを捉えることが不可欠です。

　具体的には、商品の購入プロセスだけでなく、商品に出会う前の生活者の

日常生活や、購入した後の商品体験にも注目します。どんな状況でECサイトを訪れ、どのように商品に接するのか、そしてその商品がどんな体験を生むのかを深く掘り下げることが重要です。

生活者を全方位的に捉え、深く洞察することで、データなどで表出するニーズ以上の顧客体験を提供できます。こうしたアプローチが長期的なユーザーとの関係構築につながり、エンゲージメントを高めていきます。

③売り場を「コンテンツ」と捉えること

お店は買い物の場でありながら、刺激的で楽しい場所であり、時には居心地よく癒やされる空間でもあります。このように、ECサイトも生活者にとって「コンテンツ」の一部であると捉えることが重要です。

特にECサイトは、スマホやPCという限られたフレーム内でゲームができたり、動画視聴ができたりと、様々な情報と同列に体験されるため、コンテンツとしての魅力が一層求められます。魅力的に設計されたECサイトは、生活者がふとした瞬間に訪れたくなり、通い続けるようになります。そして、長居してもらえることで、自然とブランドへの愛着が育まれます。

結果として、部分的な最適化にとどまらず、中長期的な視点で顧客体験を進化させ、持続的なエンゲージメントを生み出すことが可能になります。

このように、①クリエイティブな視点、②生活者発想、③売り場＝コンテンツという三つの目線を持ってコマースクリエイティブを設計することで、生活者に響く購買体験を提供できます。また、購入の場を超えて、自然と訪れたくなる魅力的な空間になっていけば、新しい展開を生むための土台ともなります。結果、商品の追加や特集、キャンペーンなどの新たなアイデアを次々と実現できるようになります。

最終的には、こうした継続的な関係構築と新しい展開が、売上の向上にも直結し、長期的な顧客のエンゲージメントを育むことができるのです。

ECに通い続けてもらうための生活者の三つのツボ

　ここからは、実際にHAKUHODO EC+のコマースクリエイティブチームがクライアントと協業した実務経験を基に編み出した「ECに通い続けてもらうための生活者のツボ」と「ECで買い続けてもらうための方法論と四つのステップ」についてご紹介します。

　ここまで述べてきたように、ECサイトでの継続来訪・継続購買の設計は年々難しくなってきています。しかし、固定観念に縛られないクリエイティブな視点や生活者発想によって、こうした困難を打開できる可能性があります。大切なのは、企業側の論理を押し付けるのではなく、まずは生活者視点に立ち、生活者がECに通い続けたくなる、買い続けたくなる三つのツボを押さえることです。

　以降、この三つのツボの「考えられるアプローチの例」と「生活者心理」について説明します。

生活者のツボ①：新鮮さと人感

　生活者が訪れたくなるのは、常に変化があるサイトです。元々、ECサイトは、来訪から購入に至るまでの効率を重視して静的な構成になりがちです。しかし、定期的に更新される特集やニュースは、「次に訪れたときに新しい発見があるかもしれない」という期待感をユーザーに与えます。これによりユーザーは飽きることがなく、「また来たい」と感じるようになります。さらに、人の気配やつながりを感じさせる仕掛けを取り入れることで、店頭のように動的で親しみや賑わいのある印象を感じさせることができます。

　表8.2.1は、ECサイトに「新鮮さと人感」を作るための具体的なアプローチの例です。

表8.2.1　ECサイトに「新鮮さと人感」を作るために考えられるアプローチの例

タイムリーなキャンペーン	トレンドに合わせた企画やシーズン限定のイベントを高頻度で開催し、いつでも動いている、賑わっていることを伝える
商品に関連するニュースやトピックの提供	時事的なテーマに関連した商品の物語や新しい使い方、情報を更新し、再訪するたびに変化があるという期待感を作る
「人感を作る」施策	例えば、実際のスタッフによる、その人らしい商品説明やレビューコメントの更新を名物にして、店頭のような、人の「シズル感」を持つ体験を作る

表8.2.1のアプローチを受けて、生活者心理について考えてみましょう。

「ここにはいつも新しい発見がある」という期待感は、ユーザーをECサイトに引き付けます。さらに、更新頻度や店員らしさを感じさせる要素があれば、ユーザーはECサイトを「インスピレーションの場」「つながりの場」として捉えるようになり、継続的に訪れたいと感じるようになります。

生活者のツボ②：「私向け」感覚

生活者にとって、自分向けに特別に用意された体験や提案があることは、ECサイトへの再訪を促す大きな要因です。自分にぴったりの提案やコンテンツが提供されていると、生活者は「自分を理解してくれている」という信頼感を抱きやすくなります。

表8.2.2は、ECサイトに「『私向け』感覚」を作るための具体的なアプローチの例です。

表8.2.2のアプローチを受けて、ユーザー心理について考えてみましょう。

ユーザーが「このサイトは自分の好みやニーズを理解している」と感じることが、サイトへの再訪を促します。適切にパーソナライズされたうえで人間味のある要素が加わると、ユーザーは「ここは自分に合っている」と感じ、新しい発見への期待も高まります。これにより、継続的に訪れる理由がさらに強化されます。

表8.2.2　ECサイトに「『私向け』感覚」を作るために考えられるアプローチの例

パーソナライズされた レコメンド機能の強化	ユーザーが閲覧履歴や購入履歴に基づいた提案を受けられる ようにする。「あなたにおすすめの商品」や「最近見たアイテム に関連する新商品」など、ユーザーの興味を的確に捉えた情報 提供を行うことで、サイトへの信頼感が増す
フィードバックが 反映された体験	ユーザーからのフィードバックを基にコンテンツや商品ライン ナップを改善・提案することで、一人ひとりにパーソナライズ された体験を提供することが可能
ユーザーの可能性を広げる 新しい提案	ユーザーに新しい発見やインスピレーションを与えるために、 未来志向の情報を盛り込んだ提案を行うことも効果的。例え ば、ユーザーの過去の行動とは少し異なる商品をあえて提案 し、「新しい試み」へ誘導することで、驚きや期待をユーザーに 抱かせ、サイトに再訪したくなる動機を作り出せる
感謝や心のこもった パーソナルなメッセージ	スタッフからの丁寧な感謝のメッセージは何ものにも代えがた い「私向け」の施策。例えば、ECでの購入履歴を踏まえて「い つもありがとうございます！〇〇さんが最近購入していた商品 について、こんなご提案があります。」といったように、温かみ のある言葉を選ぶ

第8章

• Column •

「パーソナライズの罠」について

　デジタルマーケティングのパーソナライズは、ユーザーの興味に応じた提案を行い、親近感や信頼感を生み出します。しかし、パーソナライズに過度に依存することにはリスクがあります。

　機械的なパーソナライズが、ユーザーに無機質な印象を与え、逆に「自分とは関係ない企業都合のメッセージ」「知らないところで追跡されている」と感じさせることがあります。また、パーソナライズが過去の好みに偏りすぎると、予想外の新しい発見や楽しさを感じる機会が減少していきます。

　こういった「パーソナライズの罠」を理解しつつ、ユーザーが「また来たい」と思える工夫が求められます。

生活者のツボ③：共感できる物語性

ユーザーは、商品やブランドの背後にあるストーリーや価値観に共感すると、そのブランドに対して強いつながりを感じます。商品の売り買いにとどまらず、商品が持つ物語やブランドの哲学を伝えることによって、ユーザーは「また来たい」「また買いたい」と感じ、リピートの動機付けが完成します。これが、継続購買を促すうえで重要な要素です。

商品やブランドの背景にあるエピソードを巧みに伝えることで、ユーザーはECサイトを「訪れるたびに新しい発見がある場所」として捉え、ブランドへの愛着を持ちやすくなります。物語を通じてユーザーが愛着を感じる商品やブランドの売り方を、我々は「ストーリーテリング」と「セル（売る）」を掛け合わせた「**ストーリーセリング**」と呼んでいます。これは、商品そのものの魅力だけでなく、感動や共感を通じての買いたい気持ちを喚起するアプローチです。

表8.2.3は、ECサイトに「共感できる物語性」を作るための具体的なアプローチの例です。

表8.2.3　ECサイトに「共感できる物語性」を作るために考えられるアプローチの例

ブランドの背景や商品開発のエピソードを紹介する	ブランドや商品がどのような考えから生まれ、ニーズに応えられる存在となったのかを伝えることで、ユーザーに「またこのブランドを選びたい」と思わせる。ブランドへの共感が高まれば、継続して購買する動機も強まる
他ユーザーの体験を通じた価値の共有	ユーザーレビューや体験談を通じて、他のユーザーがどのように商品を利用し、どんなメリットを感じたかを共有する。結果、ユーザーは自分の未来の体験を期待し、「次も買ってみたい」という気持ちが高まる
統一感のあるビジュアルやコンテンツでブランドの世界観を伝える	サイト全体でブランドのイメージや物語を一貫して表現する。ユーザーが訪れるたびにブランドの世界観に触れ、愛着が深まることで、次回以降の訪問や購入の動機が強化される

表8.2.3のアプローチを受けて、ユーザー心理を考えてみましょう。

「このブランドや商品には意味がある」「この世界観に共感できる」と感じ

ることで、ユーザーは自然とそのブランドに対しての愛着が生まれ、「また来たい」「また買いたい」と思うようになります。「ストーリーセリング」を通じて、ユーザーは単なる買い物ではなく、ブランドとの感情的なつながりを求め、継続的な購買に至るのです。

ECで買い続けてもらうための方法論と四つのステップ

以上のように、三つの各ツボに合わせたアプローチでユーザーの期待を超える体験を提供することで、ECサイトへのリピート意欲が強化され、継続的な購買行動を促進できます。一方で、生活者のツボを理解していても、実際にECサイトに実装できなければ、絵に描いた餅で終わってしまいます。ここでは、三つのツボを押さえながら、ECで買い続けてもらうために何をどう実装していくべきか、その方法論を四つのステップでご紹介します（図8.2.1）。

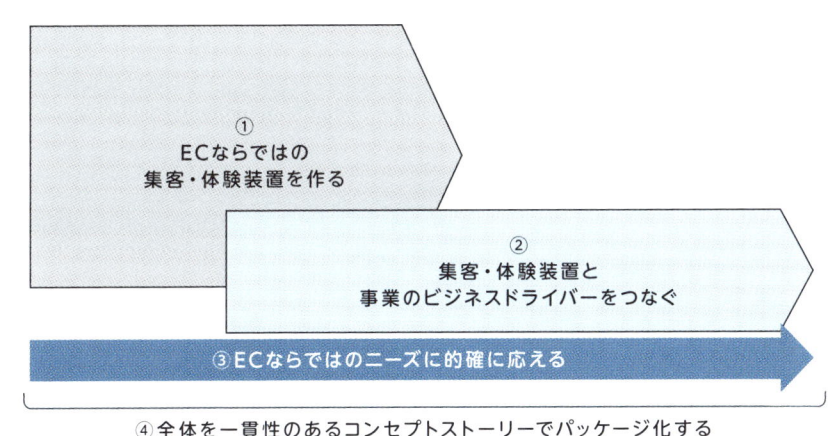

図8.2.1　ECで買い続けてもらうための方法論：四つのステップ

ステップ①：ECならではの集客・体験装置を作る

まず、ECサイトでの集客と体験を強化するには、ユーザーが楽しみながら訪れたくなる「集客・体験装置」を整えることが必要です。単に商品の購

入を促すだけでなく、魅力的なコンテンツやエンターテインメント性のある仕掛けを提供し、ユーザーが自然に訪問・購入を繰り返したくなるようなEC体験を目指します。集客・体験装置には様々なアプローチがありますが、ここではコンテンツコマースの強化、エンターテインメント性の追加、そしてキャンペーン・プロモーションの実施という三つの方向性をご紹介します（表8.2.4）。

表8.2.4　「ECならではの集客・体験装置を作る」ために考えられるアプローチの例

コンテンツコマースの強化	コンテンツコマースとは、販売する商品を起点に、動画や記事、インタラクティブなコンテンツを通じてユーザーの共感や興味を引き付ける手法。こうしたコンテンツはユーザーにとって価値ある体験となることで、集客のみならず、購買意欲やブランドへの愛着を高めることが期待できる。例えば、テキストだけで商品説明をするのではなくショートフィルムのようなブランデッドエンターテインメントを制作して物語を通して魅力的に伝えたり、商品の特徴とユーザーの好みを合致させるデザインカスタマイズシミュレーターを開発し、生活者の参加意欲は高めることが該当する
エンターテインメント性の追加	ECサイトを単なる販売の場ではなく、楽しみながらブランド体験ができるエンターテインメントの場とすることで、ユーザーが何度も訪れたくなる理由を作っていく。具体的には、ゲーミフィケーションを導入し、商品を通じた遊びを作ったり、ポイントやレベルアップの要素を取り入れたりして、楽しみながら商品を購入できる仕組みを作るといったことが挙げられる。また、ライブコマースやライブストリーミングを取り入れることもおすすめ。例えば、リアルタイムで商品を紹介しながら顧客とコミュニケーションを取ることで、まるで店舗にいるような体験が可能となり、商品の魅力がより一層引き立つ。インフルエンサーを演者として迎えることも有効で、まるで一緒に買い物を楽しんでいるような体験になる
キャンペーン・プロモーションの実施	キャンペーンやプロモーションは、ECサイトへのトラフィックを増やし、ユーザーの滞在時間や継続的な訪問意欲を高めるための強力な手段。例えば、ECサイトに新たな視点と魅力を提供し、ユーザーの関心を引くうえで、人気コンテンツとのコラボレーションは効果的。映画や音楽、テレビ番組、またはインフルエンサーと提携して、彼らの世界観に商品を絡めたコラボレーションキャンペーンを中長期で行うことで、ユーザーは自分の好きなコンテンツと商品が結びついていることに強く惹かれるようになっていく。ほかにもフラッシュセールやタイムリミットキャンペーンを実施して、限定時間内で急いで買い物をすることや、ミステリーボックスでサプライズ要素を加え、ユーザーが非日常的な感覚で商品を選ぶ購買体験は、「ここに来ると楽しい買い物ができる！」という気持ちを生み、ECへのロイヤルティ向上につながる

このように、「集客・体験装置」を巧みに組み合わせることで、ECサイトを単なるショッピングの場から、ユーザーが訪れたくなるエンターテインメントの場へと変えることができます。これにより、ユーザーは商品購入のみにとどまらず、ECサイトでの体験そのものに価値を感じ、再訪やリピート購買を促進することが期待できます。

ステップ②：集客・体験装置と事業のビジネスドライバーをつなぐ

集客・体験装置でユーザーの興味を引き、サイトに引き込むことができたら、それを事業のビジネスドライバーにうまくつないでいくことが必要です。

ビジネスドライバーとつながることで、ユーザーはサイト上での体験を通じて、事業やブランドそのものに深く関わるきっかけが得られます。このつながりが強固になることで、集客・体験装置のための訪問にとどまらず、持続的に訪問・購入したいという意欲が自然と湧くようになります。

また、企業側としても、集客・体験装置単体での活動は持続性に限界があることが多く、早々にビジネスドライバーにつなぐことが、ユーザーとの長期的な関係を築くための持続可能な活動基盤を確保することになるわけです。

ビジネスドライバーへのつなぎ方は、集客・体験装置の内容やEC事業者のあり方によって様々です。表8.2.5では、いくつかの組み合わせ事例をご紹介します。

表8.2.5　「集客・体験装置と事業のビジネスドライバーのつなぎ方」の組み合わせ事例

ゲーミフィケーション× スポーツメーカーECサイト	スポーツメーカーのECサイトが提供する運動習慣を記録し、達成レベルに応じて名作スニーカーや最新スニーカーのイラストを獲得できる（＝集客・体験装置）。ゲーム感覚で商品への興味につなぎこみ、最新の商品チェックのためのサイトへのリピート訪問が習慣化していく（＝ビジネスドライバーへのつなぎこみ）
ライブコマース× 家電ブランド	家電ブランドが、ECサイトでライブコマースを実施。インフルエンサーがユーザー役、企業の製品担当がMCになって製品の特徴や使い方をリアルタイムで紹介するシリーズに（＝集客・体験装置）。視聴者は、インフルエンサーと掛け合うMCの人となりや撮影場所であるオフィスを見ているうちに、製品の魅力と相まって、ブランドや製品に対し親しみや共感を抱くようになる（＝ビジネスドライバーへのつなぎこみ）

次ページへ続く

インフルエンサー体験イベント×自動車メーカー	自動車メーカーによる最新車種の体験イベント記事をコンテンツ化。著名デザイナーと評論家の試乗レビューと、カスタムオプションを楽しむ様子を視聴（＝集客・体験装置）。その後、ECサイトで視聴者も同じカスタムオプションを選択・購入できる。カスタム体験を通じて、自分向けの要素が強化され、商品やブランドへの愛着が深まり、定期的に訪問するようになっていく（＝ビジネスドライバーへのつなぎこみ）

ステップ③：ECならではのニーズに的確に応える

　これまで集客・体験装置を軸にした話が続きましたが、ECならではのニーズに応え、ユーザーが抱える課題に対応することも、繰り返し利用する意欲を高めるうえで重要です。利便性や効率性を提供しつつ、顧客が再購入したくなるようなEC体験を整える必要があります。**表8.2.6**でいくつかの事例を紹介します。

表8.2.6　ECならではのニーズに応えるための、具体的な施策事例

試用・使い方サポートの提供	ECサイトでは、リアル店舗のように商品を試したり使い方を教えてもらう機会が限られる。これに対応するために、動画での使い方ガイドやインタラクティブなデモ、バーチャル試用体験などを提供し、ユーザーが商品を購入する前に使い方を理解しやすい環境を整える。ユーザーが商品の実用性を理解しやすくなり、安心して継続購入に結びつく
迅速な配送と簡便な返品・交換システム	ユーザーの利便性を重視し、スピーディーな配送と柔軟な返品・交換ポリシーを整備することで、購入時の不安を減らし、再購入への心理的ハードルを下げる。ユーザーは、いつでも気軽に購入できる安心感を持つことで、リピートしやすくなる
24/7のカスタマーサポートとパーソナライズされたサポート	チャットボットやAIサポートを活用し、24時間週7日いつでも対応できるカスタマーサポート体制を構築する。個別の購入履歴に基づいたパーソナライズサポートにより、ユーザーの疑問や悩みに即時対応し、購入後の満足感を高める
定期購入サービスの導入	ユーザーが必要とする商品を継続的に利用しやすくするため、特定の商品に対してサブスクリプションモデルを提供。リピート率を向上させるとともに、ユーザーは毎回の購入手続きを省くことで利便性が増し、継続利用がしやすくなる
UGC（ユーザー生成コンテンツ）や口コミの活用	実際のユーザーの声や使用シーンを共有することで、ユーザーが商品の実際の使い心地を感じやすくする。レビューや口コミが豊富にあることで、商品価値の理解が深まり、再購入への動機付けを強化する

ステップ④：全体を一貫性のあるコンセプトストーリーでパッケージ化する

　ステップ①から③までの取り組みは、それぞれ個別に最適化されているだけでなく、生活者発想で顧客体験をパッケージ化することが重要です。生活者に響くコンセプトを核にして、各施策が統合されるようなストーリーをつむぐことで、継続的な購買や来訪促進としての機能価値が何倍にも高まります。表8.2.7で実行するにあたってのポイントをご説明します。

表8.2.7　ステップ①〜③の取り組みをまとめあげるためのポイント

一貫した考えのもとでの設計	ステップ①から③の取り組みが、企業本位で独立した要素としてではなく、ユーザー目線で一貫性のある考えに基づいて設計されることが理想的。ユーザーにとって自然な流れでつながるコンセプトがあれば、購買や来訪の動機付けがより強化される
分断を防ぐことが重要	ステップ①から③の取り組みが分断されていると、ユーザーに対する訴求力が弱まり、結果的に継続購買や再来訪の達成が難しくなる。これを防ぐためには、コンセプトやストーリーの一貫性が不可欠
生活者視点のコンセプトの重要性	企業本位のコンセプトではなく、生活者発想に基づいたコンセプトを構築することで、ユーザーの心に響く体験が生まれる。ユーザーが感じる価値を重視したコンセプトがあることで、長期的なリレーションシップが構築しやすくなる
事業戦略策定の初期段階からクリエイターと協業	ステップ①から③の設計段階から、ユーザーの潜在ニーズを掘り起こし、物語性のある体験へと昇華させる役割を担うクリエイターを巻き込み、企画の核となるコンセプトの立案から統合までを協働することがベスト。これにより、戦略とクリエイティブのシナジーが生まれ、ユーザーに訴求力のある一貫した顧客体験を実現可能

　ここまで、ECに通い続けてもらう生活者の三つのツボと、ECで買い続けてもらうための方法論と四つのステップを説明してきました。

　次節ではこれまで説明してきた内容が実現されている好事例をご紹介します。

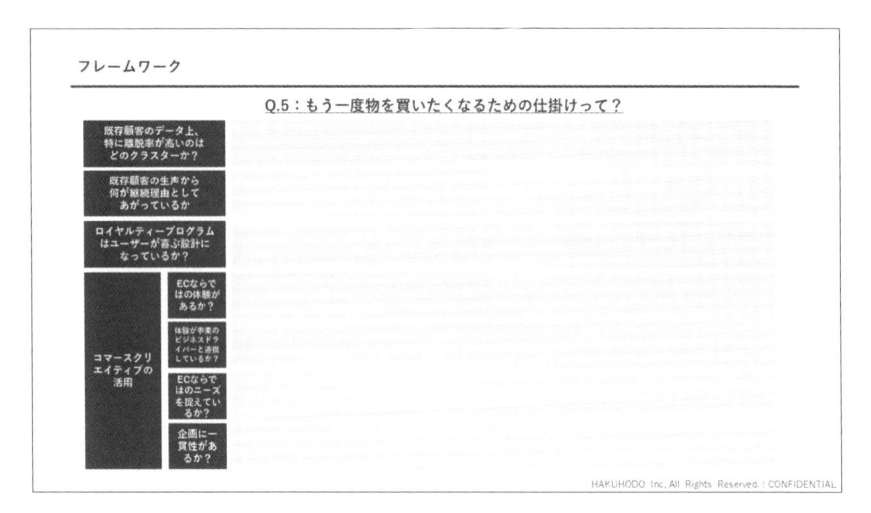

Q.5 のフレームワーク

「コマースクリエイティブ」事例：
Maison KOSÉ ×
アイドリッシュセブン「TRIGGER BEAUTY TALK」

株式会社コーセー、Maison KOSÉ

初回購入で接点を持った新しい顧客へのリピート促進施策

本節では、我々HAKUHODO EC+の支援先の一つである、株式会社コーセーさま（以下、コーセー）のコンテンツコマースでの成功事例をご紹介します。

コーセーの直営店であるMaison KOSÉは、新しい顧客層との接点を作るため、バンダイナムコオンラインが企画・プロデュースする大人気コンテンツ『アイドリッシュセブン』とのコラボレーションキャンペーンを実施し、大きな話題となりました。一連の施策の中でも、ECサイトへの再訪問と再購入の促進に寄与したのが、「TRIGGER BEAUTY TALK」（**図8.3.1**）という音声コンテンツ施策です。

本施策は、キャンペーンによる初回購入で接点を持った新しい顧客層へのアプローチです。エンターテインメント性の高い体験型スキンケア商品マニュアルを提供し、ECサイトに定期的に来訪してもらうことで、商品とブランドのファンにもなってもらうことを目指していました。

図8.3.1 Maison KOSÉ×アイドリッシュセブン キャンペーンビジュアル

次の更新が待ち遠しくなるシークレットコンテンツ

この施策の具体的な流れをご紹介します。

Maison KOSÉで一定の金額の商品を購入すると、『アイドリッシュセブン』に登場する3名で構成された人気アイドルグループTRIGGER（トリガー）の限定冊子がもらえます。この限定小冊子は本施策用に作られた新しいビジュアルで、ファンにとっては大切にとっておきたくなる冊子です。しかも、実はシークレットコンテンツへの入り口になっているという仕掛けがありました。

表紙のアイドルのビッグビジュアルには、指輪の部分に二次元コードが仕込まれており、スマホカメラを向けるとオウンドサイトへ遷移。3人のアイドルたちによる音声コンテンツが定期配信されるスペシャルサイトにアクセスできます。

そこで展開されるのは、コーセーのスキンケア商品の使い方をTRIGGERが耳元で囁きながらレクチャーしてくれるASMR（Autonomous Sensory Meridian Response）コンテンツです。バイノーラル収録された「立体音声」は心地よく、イヤフォンで聴くと、まるで本当に洗顔されたり、クリームでフェイスマッサージをされているかのような擬似体験ができます。また、ラジ

オのようなノリで進行する3人のトークコーナーもあり、スキンケアについての共感性の高いやりとりが楽しめ、次の配信が待ち遠しくなるエンターテインメント性の高いコンテンツになっていました（図8.3.2）。

　計6回に分けて、クレンジングから化粧水と乳液の使い方、クリスマスや新生活に向けてのご褒美ケアの方法などが定期的に配信されました。音声コンテンツに没入することで、楽しみながら商品の効果を最大限発揮する適切な使い方を学び、自然と毎日のスキンケアにおいてコーセーの商品が欠かせないものになるような仕組みが提供されていました。

図8.3.2　「推し」と学べる音声スキンケアマニュアル「TRIGGER BEAUTY TALK」

方法論と四つのステップを実現した理想的な施策

　この施策はまさに、「ECで買い続けてもらうための方法論と四つのステップ」を理想的に実現した施策です（図8.3.3）。

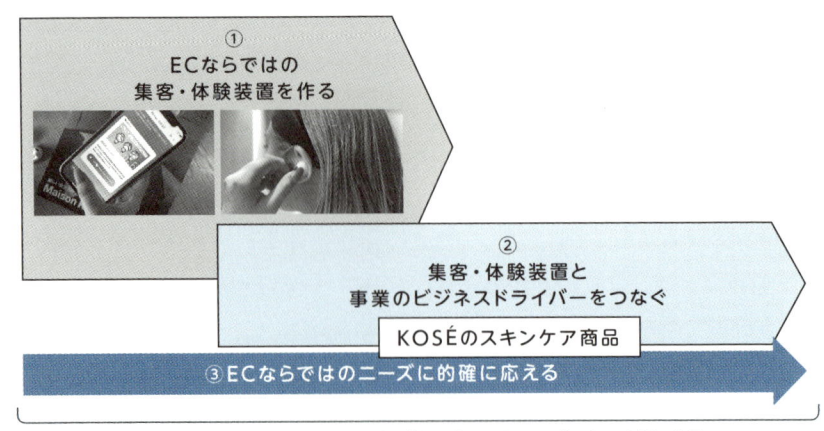

④ **全体を一貫性のあるコンセプトストーリーでパッケージ化する**

図8.3.3 「ECで買い続けてもらうための方法論と四つのステップ」に当てはめた本事例

　まず、「ステップ①：ECならではの集客・体験装置を作る」として、大人気コンテンツ『アイドリッシュセブン』とのコラボレーションを実現しています。継続的に楽しめるアイデアが随所に込められたオリジナルコンテンツが開発され、定期更新で鮮度を保ちながら、集客と積極的に通いたくなる体験装置としての役割を果たしていました。

　さらに、この音声コンテンツはコーセーのビジネスドライバーである「商品」、特に継続使用が効果を発揮する「スキンケア商品」に接続する内容で、Maison KOSÉのECサイトへの定期訪問と継続購入のきっかけになっています。これは、「ステップ②：集客・体験装置と事業のビジネスドライバーをつなぐ」に該当します。先にも述べたように、音声コンテンツ内にはラジオのようなコーナーがあり、アイドルたちから「コーセー先生」と呼ばれるビューティコンサルタント（美容スタッフ）が登場し、Maison KOSÉ店頭スタッフとの連携もゆるやかに図られていました。全体を通して、コンテンツを目的に通っていたユーザーが徐々にコーセーブランドのファンになっていく仕組みが、各ポイントを押さえながら整備されていました。

　また、「ステップ③：ECならではのニーズに的確に応える」ため、このコンテンツはスキンケア商品の使用方法やマニュアルを提供している点もポイントです。動画や画像で伝えようとするアプローチはしていたものの、店頭の

ように細かい紹介ができないECでは、正しい使用順や使用法・適量を知らないまま使ってしまう人も多く、商品の良さが十分に発揮されないことがありました。その点で本施策は、顧客が楽しみながら自発的に使用方法を学べるようにしたことで、ECでも店頭のような臨場感のある説明によって商品の良さを伝えることができました。

最後に、「ステップ④：全体を一貫性のあるコンセプトストーリーでパッケージ化する」ことの具体的な方法として、この施策は上流から一貫したコンセプトストーリーで設計され、全体を通して一気通貫の顧客体験になっています。「エンターテインメント性の高い体験型スキンケア商品マニュアルを通して、ECに定期的に来訪してもらい、商品とブランドのファンにもなってもらう」という明確なゴールが設定されていたからこそ、実現できた施策だと言えるでしょう。

Maison KOSÉとアイドリッシュセブンのコラボレーション「TRIGGER BEAUTY TALK」は、エンターテインメントと実用性を組み合わせ、生活者を継続的に引き付けるための理想的な施策と言えます。このような施策はどの業界でも再現できるとは限りませんが、前述した方法論や本事例から得られるインサイトを活かすことで、ECサイトに通い続けてもらい、買い続けてもらうための方策を少しずつ実現していくことが可能です。

第9章

Q.6
長くファンでいたくなるツボって？

この章では、生活者にECで買い続けてもらうための最終段階である「ファンでい続けてもらう」ための戦術立案についてご紹介します。顧客と「商品の売買」以外のつながり方を創り出すことが、ファンづくりにおいて重要です。「他の顧客との交流」「体験や情報」など様々なつながり方をどう作っていくのか、そこにデータをどのように活用していくべきかという論点について、事例を交えて説明します。

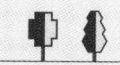

9.1
ファンを作るコンテンツとは？

多様化するコンテンツ

　ファンづくりの入り口となりやすいのが、「コンテンツ」です。顧客にはコンテンツそのものを楽しんでもらいながら「ブランドが顧客にどんな体験を届けようとしているのか」「社会をどう変えようとしているのか」などを伝え、「商品以外の心理的つながり」を生み出すことが、有効なファンづくりの手法です。

　SNSや動画メディアの普及によって、企業が提供できるコンテンツも多様化が進んでいます（**図9.1.1**）。

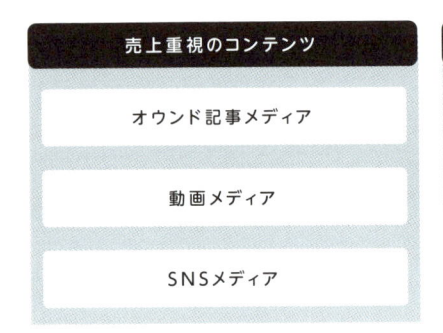
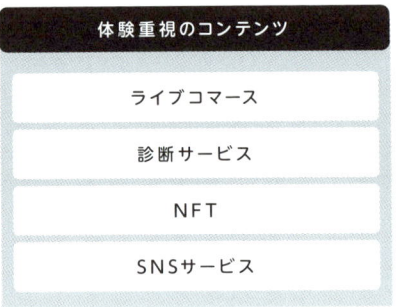

図9.1.1　コンテンツの種類の一部

　図9.1.1では、便宜的に「売上重視のコンテンツ」と「体験重視のコンテンツ」に分けました。オウンド記事メディア、動画メディア、SNSメディアに関しては、「商品訴求の内容でも受け入れられやすい」「ECサイトへのリンクを設置しやすい」といった特性から、「売上重視」と置きました。ただし、記事メディアの中にもロイヤルティを築く目的のものや、顧客の興味を引く入り口になるものがあるように、目的によってコンテンツの内容をチューニングすることが重要となります。

オウンド記事メディア

自社が運営するWebサイトやブログに記事を掲載するメディアです。専門性や信頼性の高い情報を発信でき、ブランドの世界観や価値観をしっかり伝えることができます。高品質なコンテンツを継続的に提供することで、読者の信頼を得てブランドに共感するファンを増やすことができます。SEO対策でアクセス数を増やすことで、ファン獲得にもつながります。

動画メディア

動画サイトに企業発信のコンテンツを掲載する手法です。ストーリー性やリアリティを伝えやすく、ブランドの雰囲気や商品・サービスの魅力を視覚的に伝えられます。動画の親近感やエンターテインメント性により、商品やサービスの世界観に対する理解を促進させ、ブランドに対する生活者の愛着を育てやすいメディアです。商品レビューやHow-to動画などを見せることで、共感や信頼を得ることが可能です。

SNSメディア

顧客同士のコミュニケーションが活発なプラットフォームです。情報の拡散力が高く、顧客のリアルタイムな反応を得られます。双方向のコミュニケーションが可能なため、ブランドが積極的にユーザーと交流することで、親密感や共感を生むことができます。顧客参加型のキャンペーンやコンテストなどを通じて、顧客自らがブランドと関わろうとするきっかけを作ることもできます。

ライブコマース

ライブ配信を通じて商品を販売するプラットフォームです。リアルタイムで商品の紹介や質問への回答が可能で、顧客に直接アプローチできます。配信者とのリアルタイムなコミュニケーションにより、視聴者は親近感や信頼感

を持ちやすくなり、ファンになりやすいです。限定オファーやライブ配信特典などを提供することで、視聴者の興味を引き付けることができます。

診断サービス

ブラウザ上やアプリで、ユーザーが簡単な質問に答えることで結果が得られるツールです。ユーザー参加型であり、エンターテインメント性が高いことが特徴です。ユーザーが楽しみながらブランドに触れられるため、ポジティブな印象を与えやすいうえ、診断結果をSNSで共有することで拡散力も高まり、潜在的なファン層へのリーチも期待できます。

SNSサービス

自社メディアの発展形として、企業がSNSサービスそのものを運営するという手法も出現しています。企業がユーザー同士の交流を支援するという点で、9.2で触れるコミュニティとも通じる考え方に基づいた取り組みです。

活用コンテンツの選び方

これだけ多くのコンテンツが存在すると、「どれから手を付けたらいいかわからない」という悩みが出てきます。コンテンツの特性と事業の目指す方向を踏まえることで、その壁を乗り越えることができるのです。

例えば、取り扱う商品ラインが多岐にわたり、顧客のタイプによってカスタマイズできるブランドでは、自分のタイプを知ることができる診断サービスが効果を持ちます。また、コスメなどの実際の使用感が購買判断を左右するカテゴリでは、動画メディアを積極的に活用するブランドが多いです。

「生活者が自社ブランドをどうやって購入するか」というカスタマージャーニーを考え抜くことで、適切なコンテンツを選定することが可能になるのです。

ファンづくりにおけるコンテンツの有効性

現代のECビジネスにおいて、コンテンツはブランドと顧客を深く結び付けるタッチポイントとして機能します。商品の売買でつながっていた顧客との関係性を、「情報でつながる」という新しい関係性に移行させることができるのです。

コンテンツが果たす役割

コンテンツを通して伝えられるのは、商品の特徴だけではありません。それは、ブランドの「ストーリー」や「理念」、「価値観」です。例えば、あるスキンケアブランドが、自社製品の原材料を育てる農家との関係や、環境への配慮をどのように行っているかを動画やブログで紹介したとしましょう。顧客はこのストーリーに触れることで、その製品を使うたびに「自分も環境保護に貢献している」という満足感を感じることができるようになります。こうした共感や信頼は、**商品単体の魅力だけでは生まれない、ブランドへの愛着を育む要素となるのです。**

次に、コンテンツは顧客との対話を生み出す「きっかけ」としても非常に有効です。例えば、SNS上で商品に関する質問やアンケートを実施し、ユーザーの声に耳を傾けることで、「自分の意見がブランドに反映されている」という実感を持ってもらえます。この「双方向のコミュニケーション」がファンづくりにおいて非常に重要です。ブランドは「提供者」、顧客は「受け手」という一方的な関係ではなく、コンテンツを通して互いに意見や感情を共有し合うことで、顧客はブランドを「自分ごと」として捉えるようになります。

さらに、コンテンツはコミュニティを形成する強力なツールでもあります。例えば、アウトドア製品を販売するECサイトが、自社ブログやSNSで「初心者向けキャンプの楽しみ方」や「ユーザー体験談」を共有することで、そのブランドを中心としたコミュニティが自然と生まれます。このコミュニティは、商品に対するフィードバックをくれるだけでなく、他の潜在顧客へ届ける「既存顧客の生声」として機能し、新たなファンを呼び込む効果も期待できます。

継続的な発信の大切さ

　最後に、ファンづくりにおいて重要なのは「長期的な視点」です。一度限りの購入を促すためのコンテンツではなく、日々の生活に役立つ情報やインスピレーションを提供し続けることで、顧客は「このブランドの情報は、自分の生活にとって価値がある」と感じるようになります。例えば、レシピサイトが定期的に新しいレシピを提供することで、顧客がサイトを訪れる習慣を持ち、結果的にそのサイトのファンとなるように、**継続的なコンテンツ提供がブランドへの愛着を高めていくのです。**

　コンテンツは、商品やサービスの価値を伝えるだけでなく、ブランドの「魂」を顧客に届けるための最も効果的な手段です。単なる購買行動を促すだけでなく、顧客の心に寄り添い、その日常に溶け込むようなコンテンツを提供することで、ブランドは真のファンを獲得し、持続的な成長への道を切り拓くことができるのです。

D2CやDNVBによるコンテンツの活用

　コンテンツを事業成長にうまく活用したことで知られるのが、D2C（Direct to Consumer）およびDNVB（Digitally Native Vertical Brand）といった業態を取るブランドです。従来の小売店や代理店を介さず、自社のオンラインストアを通じて直接顧客に商品を販売するビジネスモデルを採用している彼らは、顧客との直接的なコミュニケーションを最大限に活用し、商品だけでなくブランド自体のストーリーや価値観を伝えることの重要性を早期に認識し、**熱量の高いファンを中心に事業を伸ばしていきました。**その活用法について、いくつか紹介します。

ブランドストーリーテリング

　自社が保有する販売チャネルに限って展開しているがゆえに、知名度の獲得が難しいD2Cブランド・DNVBでは、「ストーリーの力」を使って知名度を上げる手法が用いられます。コンテンツを通じてブランドの背景や創業者の

想い、商品開発のプロセスなどを共有することで、顧客はブランドに共感を覚え、単なる商品以上の価値を感じるようになります。例えば、あるD2Cスキンケアブランドが「肌にやさしい天然成分のみを使った製品」を開発する際、その背景にある環境への配慮やサステナビリティの取り組みをブログや動画で紹介すれば、顧客はそのブランドに対する信頼感や愛着を深めるでしょう。

教育的コンテンツの提供

　独自のストーリーを伝えたうえで、「商品がブランドストーリーを体現していること」を実感してもらうには「教育的コンテンツ」も重要になってきます。商品価値を最大限に引き出すうえで、商品に関する知識や使い方を顧客に伝えることも重要です。例えば、フィットネス用品を扱うブランドが「効果的なトレーニング方法」や「正しいフォーム」を動画や記事で紹介することで、顧客は商品の使い方を理解しやすくなり、購入意欲が高まります。また、顧客が正しく商品を使い続けることで、その商品の効果や満足度が向上し、リピート購入につながるという効果も期待できます。

UGC (User-Generated Content) の活用

　一方的にブランドストーリーを伝えるだけでは、ブランドストーリーは世の中に浸透していきません。顧客が自発的に発信するコンテンツの活用により、ブランドに対する信頼性や共感を高めることもできます。SNS上で顧客が投稿する商品レビューや使用体験を公式アカウントでシェアすることで、新規顧客に対して「リアルな声」を届けることが可能です。例えば、ファッションブランドが顧客のコーディネート写真をリポストすることで、そのブランドの世界観を体現する「リアルな顧客」を見せることができ、他の顧客も「自分もこのブランドを取り入れてみたい」と感じるきっかけとなります。

コミュニティの形成

先ほども少し触れた通り、コミュニティを形成する入り口としても、コンテンツは機能します。コンテンツによって顧客同士の交流を促進し、コミュニティを構築するきっかけとすることが可能です。例えば、健康食品を販売するブランドがオンラインで「健康な生活習慣を共有する場」を設けることで、商品を購入した顧客同士が情報交換を行い、新たな商品を試す際のインスピレーションを得られるようになります。

このようなコミュニティは、顧客のブランドに対するロイヤルティを高めるだけでなく、新規顧客を呼び込む口コミの醸成にもつながります。

コンテンツが持つ多面的な効果を理解したうえで、「こういった効果を生み出したい」という明確な狙いを持ってコンテンツを作ることが重要です。

コンテンツコマースを設計する

では、ECビジネスでコンテンツを設計するうえで何が重要なのでしょうか。HAKUHODO EC+は、「購入より満足度を優先したコンテンツ企画」「コンテンツから購入を生むための設計」「間接的な売上貢献を評価するKPI設計」の3点が重要になると考えています（図9.1.2）。

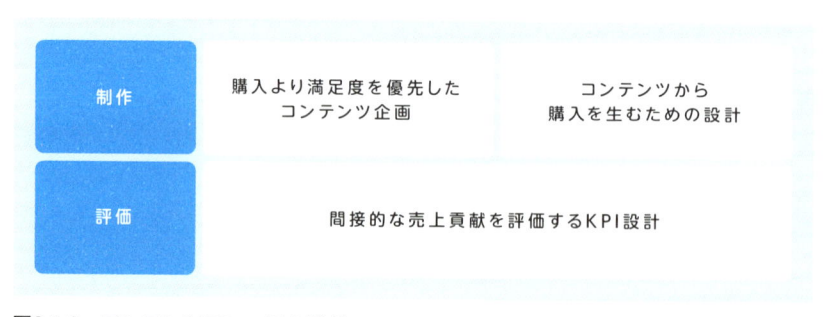

図9.1.2　コンテンツコマースの設計

購入より満足度を優先したコンテンツ企画

　コンテンツ制作の企画段階では、「購入より満足度を優先すること」が、良い結果を生むことが多いです。つい「商品訴求をいかに盛り込むか」という視点で企画を立ててしまいますが、そうすると「企業目線のコンテンツ」となってしまいます。生活者が求めているのは、「自分の生活の役に立つコンテンツ」か、「読み物として面白いコンテンツ」かのどちらかです。この時、担当者自身が「手を止めて読むコンテンツ」と「タイトルを見て読み飛ばしてしまうコンテンツ」を思い起こし、その要素を振り返って整理してみることも、コンテンツ企画の「勘所」を掴むうえで有効です。

　こうした企画を作るうえで、外部パートナーの力を借りることは有効です。昨今、様々なメディアが世の中に存在します。特定の分野やターゲット層に特化したコンテンツを提供する「バーティカルメディア」も台頭しており、ライバルとなる情報収集源は数多あります。その中で読まれることを考えると、他メディアと遜色ないレベルの記事や、切り口の多様性、読みたくなるクリエイティブが必要になります。

　また、クオリティ面だけでなく、更新頻度も重要です。「そこに行けば有用な情報が得られる」という印象を生活者の中で作るためには、少なくとも週に1回は訪問したくなる新情報やニュースが必要です。クオリティ担保と工数の観点から、外部メディアやインフルエンサーを活用して「編集部」を作る企業も増えてきています（図9.1.3）。

　多様なプレイヤーから集めた企画を、企業担当者が「編集長」となって「事業として伝えたいこと」や「企業として担保すべきクオリティ」を管理するという体制を実装することで、「企業目線と生活者目線の両立」を実現することが可能となります。

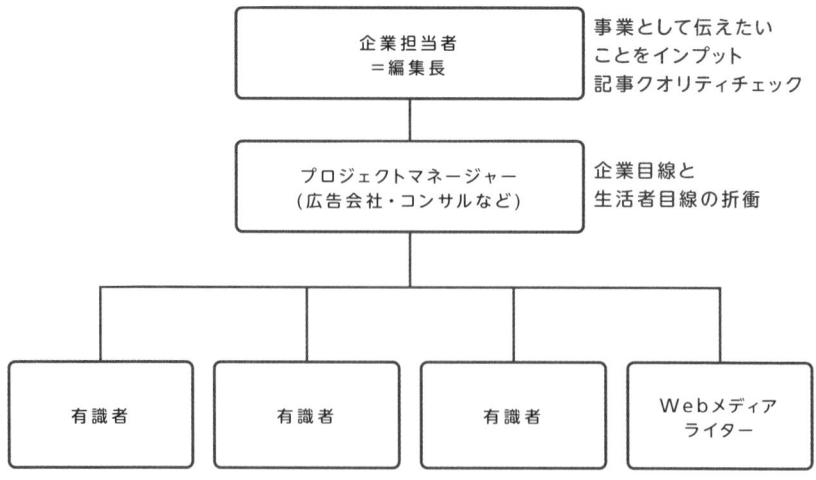

図9.1.3　コンテンツ制作の編集部体制

コンテンツから購入を生むための設計

　企画によって生活者にコンテンツを読んでもらった後は、いかに購買につなげるかが重要です。ここで重要になるのが、「購入転換率を上げるためのコンテンツUI」と「データを用いたコンテンツ配信の最適化」です。

　まず、「購入転換率を上げるためのコンテンツUI」を意識して、コンテンツの構成を考えます。ECサイトやランディングページの設計と同様、コンテンツで高まった熱量を維持したまま購入できるUI設計を徹底することは重要です。追従型のバナーなども活用しながら、「常に購入ボタンを画面下部に表示する」「記事コンテンツ内に商品詳細と購入ボタンを設置する」など、「いつでもスムーズに購入できる仕組み」を設けることも有効です。

　もう一つ重要になるのが、「データを用いたコンテンツ配信の最適化」です。あるメディアサイトにおいては、規定した戦略ターゲットに基づいてオウンドサイト、SNS、広告を統合的に運営・管理しています。カスタムセグメント配信やデータクリーンルームをフル活用し、「見たい人に見たいものを届ける」設計を実現することで、コンテンツを「購入確率の高い顧客」に届けることも可能になります。

間接的な売上貢献を評価するKPI設計

このように、「生活者の興味を引く」ことと、「売上につなげる」ことの両目的を背負ったコンテンツを評価する際、売上などのダイレクト指標だけでなく、コンテンツに関する指標をウォッチすることが重要になります。

中でも、「新しい接点創出」「コンテンツへの興味・理解」「ブランドへのファン化」といった指標を導入し、KPIとして見ていくことが、コンテンツを正当に評価し、PDCA運用を進めていくうえで重要となります（**図9.1.4**）。

HAKUHODO EC+が支援する企業の中でも、こうした「コンテンツのためのKPI」を設定する企業は増えており、「コンテンツクオリティを追求するチーム」を分けて設立する事例も出てきています。

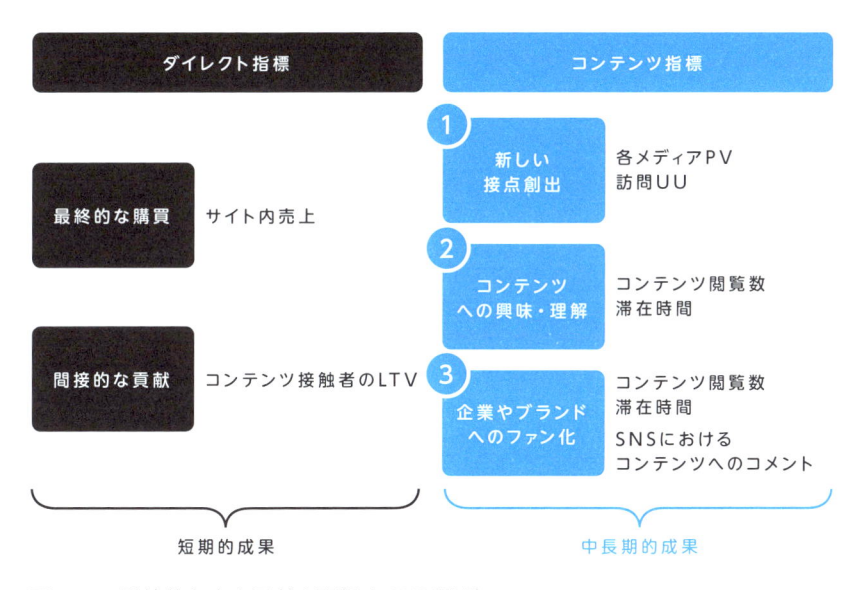

図9.1.4　間接的な売上貢献を評価するKPI設計

コンテンツのさらなる多様化

第2章でも触れた通り、ECビジネスと店頭ビジネスの間にあった壁がなく

なった今、オンラインとオフラインを組み合わせたコンテンツ設計の可能性も出てきています。

　「ポップアップストアでの配布物に二次元バーコードを掲載し、ECサイトへ誘導する」という手法は、プロモーション施策において一般的になっており、そこにテクノロジーを組み合わせて体験を充実させる手法も出現しています。例えば、「リアルイベント会場からライブ配信を行い、オンラインでもイベントを体験できるようにする」「デジタルサイネージを用いて、デジタルコンテンツと店頭の連携を図る」など、店頭での手触り感ある体験をデジタルコンテンツと組み合わせることで、生活者の満足度を上げる試みが見られるようになりました。

　さらに、企業担当者自身がコンテンツとして顧客と関係を結ぶ手法もあります。化粧品カテゴリでは、美容部員が実名・顔出しで個人アカウントを持ったり、ライブ配信に出演したりして、ブランドのエヴァンジェリストとしての役割を果たしています。企業担当者自身が顧客とのオープンコミュニケーションに乗り出すことで「顔の見えるブランド」に変貌し、ファンを獲得していくという手法は、個人発信がしやすくなった昨今ならではの現象と言えます。

　次節では、「コンテンツ」に興味を持った顧客を一気にファンに転換する「コミュニティ」について説明していきます。

9.2

ファンをつなぐコミュニティとは？

コミュニティビジネスの隆盛

ECビジネスのファンを作る手段として代表的なのが、「コミュニティ」です。HAKUHODO EC+にいただく相談として、「顧客とのつながりを強化するためにコミュニティを作りたい」「CRM施策の一つとしてコミュニティに興味がある」といった内容のものが増えてきており、ECビジネスにおいてもコミュニティの注目度が日々高まってきていると感じています。

現に国内外でECとコミュニティを有機的に連携させることで中長期的な事業成長を実現している企業も出てきており、**コミュニティの活用はECビジネスが事業成長するためのドライバーになると考えています。**

「コミュニティ」と一言で言っても、様々な定義が存在します。

本章では、「企業の商品・サービスをテーマに共通の課題や嗜好を持った人たちが交流することで、生活者視点の新しいアイデアや価値が生まれる共創の場所」という意味のコミュニティについて解説していきます。

コミュニティのオンラインシフトが加速

ECビジネスにおいて、コミュニティの注目度が高まっている要因の一つに**「コミュニティのオンラインシフト」**が挙げられます。数年前までの「コミュニティ」といえば、ファンミーティングに代表されるようなリアル開催のイベントでした。しかし、コロナ禍によりコミュニティを取り巻く環境は一変しました。コロナ禍においては様々な企業がSNSやコミュニティサイトなどを用いて、オンラインでファンと交流するようになり、コミュニティの在り方が変化していきました。

コミュニティのオンラインシフトはECにおけるコミュニティ活用の幅を広げ、**ECサイトとコミュニティサイトの「データ」や「UI/UX」を連携することで、両者の**

シナジーを生み出すことが可能となりました。このEC×コミュニティの融合については、後ほど詳細にご説明します。

コミュニティツールの台頭

コミュニティのオンラインシフトが加速する中、ノーコードでコミュニティサイトを構築できるSaaS型のコミュニティツールも台頭してきました。

このようなコミュニティツールを活用することで、初期費用を抑えてコミュニティサイトを立ち上げることができます。さらに、コミュニティ運営の支援を提供するツールベンダーが増えてきたため、コミュニティサイトを立ち上げるハードルは以前より低くなりました。

コミュニティサイトとSNSがよく比較されますが、どちらにもメリット・デメリットが存在します。コミュニティサイトには「クローズドな環境のため熱量を高めやすい」「ストック型でありコンテンツを蓄積できる」というSNSにはないメリットがあります。その反面、SNSと比べて「拡散力が弱い」というデメリットがありますので、**SNSとコミュニティをうまく連動させながら顧客との関係性を強化することが重要になります**（図9.2.1）。

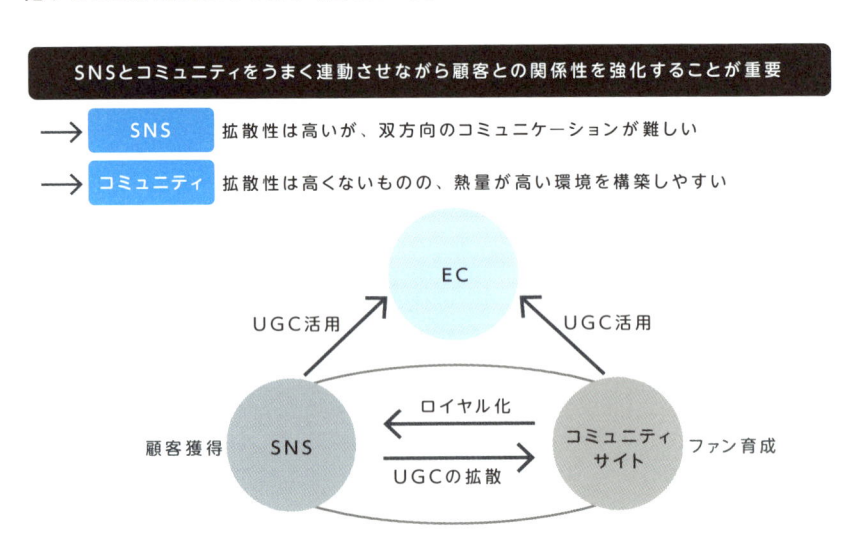

図9.2.1　コミュニティとSNSの連動

ECビジネスにおいてコミュニティが注目されている理由

　HAKUHODO EC+では、コミュニティが注目される理由について、時代背景やECマーケティングの観点から大きく二つの仮説があると考えています。

　一つ目の理由は、「新規獲得コストの高騰」です。一定の事業規模を超えると、新規獲得のコストは必然的に上がってきます。さらに、ECビジネスに参入する企業が増えるに従い、新規獲得コストを抑えることが難しくなっています。そんな中、既存顧客をコミュニティによってファン化してLTVを高めることで、少ない広告投資で事業成長を実現する取り組みがより一層注目を集めています。

　二つ目の理由は、「成熟市場における競争の激化」です。成熟市場では同一カテゴリの商品やサービスが飽和しており、競合他社との差別化が難しくなりました。そのような競争環境の中で商品やサービスを磨くためには、自社の商品やサービスにおける一番の理解者である「顧客」との関係性が鍵を握ります。

ECビジネスにおけるコミュニティ活用

　コミュニティを持つだけでECビジネスが成長するわけではなく、間にいくつかのステップが存在します。ここでは、コミュニティ活用がECビジネスの成長に結び付くメカニズムについて解説します。

コミュニティを起点としたファンマーケティング活動

　ECビジネスにおけるコミュニティ活用の肝は、「顧客と中長期での深いつながり」を作ることです。言い換えると、**ファンを生み出し、ファンと一緒にブランドや事業を育てる活動（＝ファンマーケティング活動）**となります。ファンマーケティングを事業成長へとつなげるためには、図9.2.2のようなサイクルを生み出していく必要があります。

　そのサイクルとは、①顧客とブランドの間に良好な関係が生まれる⇒②顧

客の声を起点に商品・サービスが改善される⇒③その商品・サービスに触れた顧客のロイヤルティが高まりLTVも向上する⇒④ロイヤルティの高い顧客が新しい顧客を連れてきてくれる、の四つのステップです。この四つのステップがうまく循環すれば、新規獲得にかけるコストを抑えながら中長期的にEC事業を成長させていくことが可能です。

①～④のステップがうまく循環することで、中長期的な事業成長を実現

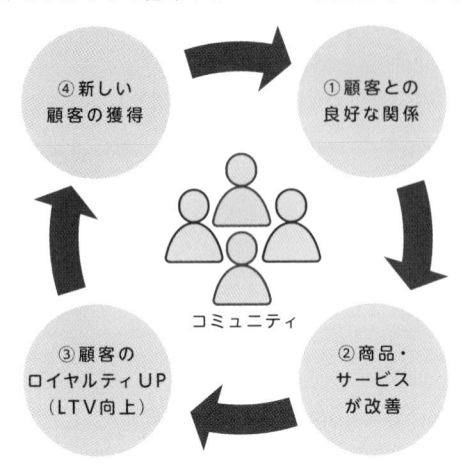

図9.2.2　コミュニティ活用を事業成長につなげる四つのステップ

「EC×コミュニティ」の可能性

　コミュニティは、ECビジネスの成長に結び付くだけではなく、マーケティングの進化にも活用できる可能性を秘めています。コミュニティにおけるつながりを強めることで、「データ連携による顧客理解の深化」や「顧客体験のレベルアップ」につなげられるのです。

「EC×コミュニティ」のデータ連携による、顧客理解の深化

　ECサイト上の購買データを分析するだけでは、「どのような思いで」「どのようなきっかけで」商品を買ってくれたのかという購買行動の裏にある顧客の

心理までは把握することができません。

　しかし、**顧客心理を理解するためには「顧客がなぜ買ってくれたのか?」を知る必要があります。**ECで得られる「実際に起こした購買行動のデータ」とコミュニティで得られる「感情の動きに関するデータ」を顧客IDベースでつなげることで、両者のデータを統合的に分析し、深いレベルでの顧客理解が可能となります（図9.2.3）。

　ECデータとコミュニティデータを組み合わせて分類し、その規模や傾向を把握することも顧客理解には有用な方法です（図9.2.4）。各セグメント間の差分に着目することで、態度変容を生み出すためのヒントが得られます。そして、そのヒントをマーケティング施策に反映することで、顧客の心を動かすことができると考えています。

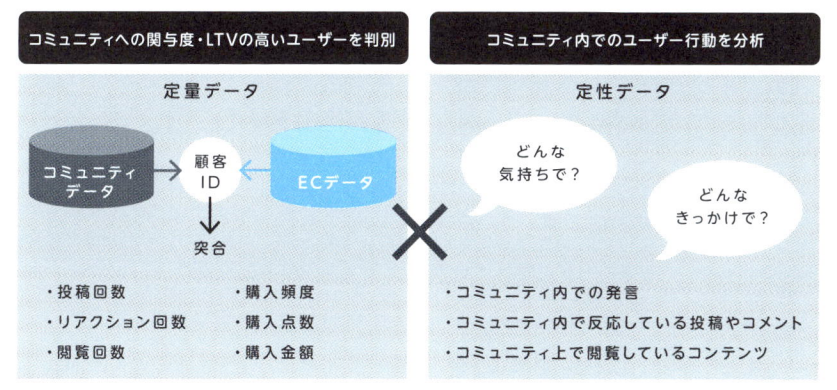

図9.2.3 「EC×コミュニティ」のデータ連携による顧客理解の深化

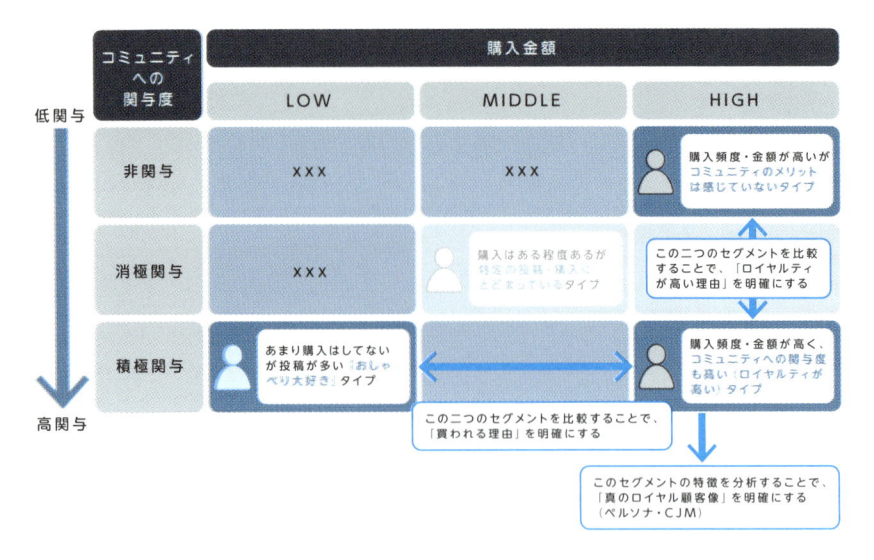

図9.2.4 「コミュニティ関与度×購入金額」による顧客分類

ECとコミュニティが融合したUI/UXで顧客体験を向上

　ECでは実際に商品を手に取ったり、試したりすることが難しいため、他の顧客の評価や口コミが非常に重要な役割を果たします。実際に弊社の調査データでも、ECを利用する際の情報源の上位を「ECのレビュー」「口コミサイト」が占めています（図9.2.5）。

　コミュニティの中でファン同士が語り合う「商品やブランドの魅力」「使用してみた感想」等の信頼性の高い情報は、参照するうえで非常に高い価値を発揮します。商品を購入しようかどうか悩んでいる顧客の購入を後押しするに違いありません。

　ECとコミュニティのUI/UXが有機的につながることで、例えばコミュニティサイトで商品レビューを閲覧した顧客がそのままシームレスにECサイトの商品購入ページへ遷移することができるようになります。ECとコミュニティの融合は実店舗で接客を受けているかのような購買体験を提供できるポテンシャルを秘めています。

EC購入時の情報収集源		
1位	オンラインショッピングサイトのレビュー	40.3%
2位	インターネットの情報サイト	28.3%
3位	クチコミ・比較サイト	24.9%
4位	家族や友人から聞いた商品の情報や評判	22.0%
5位	TVコマーシャル	20.1%

Q. あなたが普段、お買い物をする際に情報源として活用しているものについて、
　以下の中からあてはまるものをすべてお答えください　n=6,000
出典：HAKUHODO EC+「EC生活者調査」2023年6月より
　注：このアンケート結果は一般には非公表

図9.2.5　購買時の情報収集源：EC（再掲）

「EC×コミュニティ」でEC売上を最大化

　ECにおける購買データと、コミュニティにおける商品・サービスに関する定性データの2種類のデータを両方取得できることが、ECにおけるコミュニティ活用の最大のメリットだと考えています。両者のデータを顧客IDベースでつなげて統合的に分析することで、顧客が購買に至るまでのストーリーを解明し、そのストーリーからLTV向上のトリガーを特定することができます。

　そして、「EC×コミュニティ」で検証したLTV向上のトリガーをマーケティング活動に反映することで、EC売上の最大化を目指すこともできます。EC会員のアップセル・クロスセルを促進するためのCRM施策はもちろんのこと、新規会員獲得のための広告やLPのクリエイティブにも反映していきます（図9.2.6）。

　自社EC以外にも店舗やECモールといった販売チャネルがある場合には、各チャネルでのマーケティング活動にもコミュニティに存在するファンから得られたマーケティング示唆を活用し、ブランド全体の売上拡大に貢献することができます。

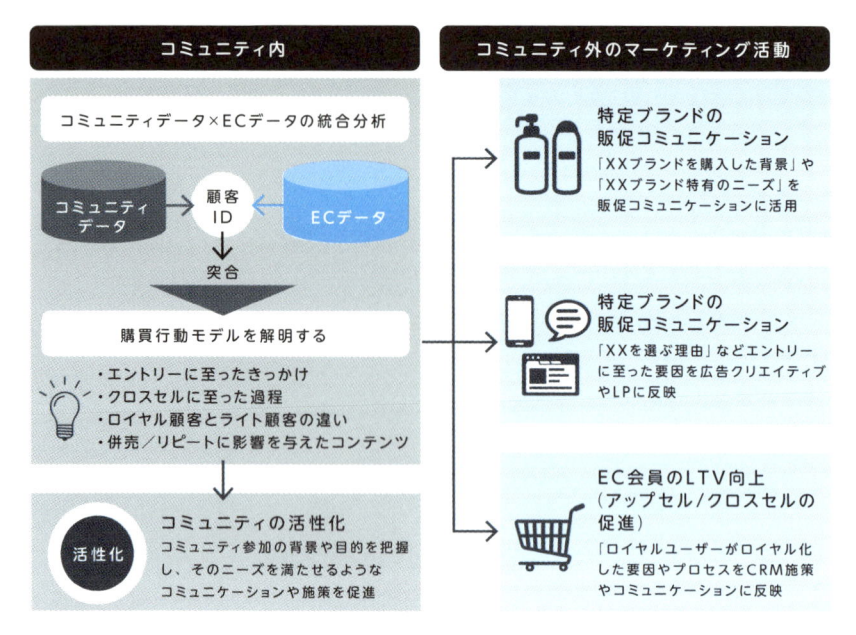

図9.2.6 「EC×コミュニティ」を起点に各マーケティング活動を強化

　「コミュニティとECを組み合わせることにより、ECビジネスのファンを増やす」という手法は、今後より一般的になっていくと見込まれます。他企業もコミュニティを持ち始めたときに、「一人でいくつもコミュニティに入る」ということは考えにくいです。早期にコミュニティを立ち上げ、ファンづくりに取り組むことは長期的な利益をECビジネスにもたらすでしょう。

コミュニティを通じて、どんな体験を提供するか

　様々な観点からファンづくりに活用しやすいコミュニティ。しかし、「コミュニティを通じて、顧客に何を届けるか」を徹底的な生活者視点で考えることを忘れてはいけません。企業目線でコミュニティ運営を進めてしまうと、生活者から見向きはされなくなっていきます。

　9.1で触れたコンテンツや「コミュニティにいるからこそ得られる限定インセンティブ」を活用するのも一つです。また、「新商品開発会議に参加できる

権利」やコミュニティ会員限定のイベントを開くなどして「自分の力でブランドが進化していく感覚」を提供することで、ファンを作っていく企業も増えています。これは、昨今マーケティングの手法として注目される「プロセスエコノミー」という手法です。推し活で見られるような、「応援消費」を引き出すことが、コミュニティで関係を深めることの大きな意義の一つです。

　ここまでで挙げた手法はあくまで一例です。自社ブランドの顧客と向き合い、「コミュニティに入ってよかった」と思えるメリットを提供することが、コミュニティを運営するうえで最も重要です。その取り組みが機能して初めて、コミュニティで得られるデータを活かした事業成長が実現できるのです。

　次節では、コンテンツとコミュニティの運用を支える「ファンになってもらうためのデータ活用」について詳しく解説していきます。

9.3

ファンになってもらうための
データ活用

データ活用のハードル

　顧客の感情の動きを定量的に反映し、顧客体験の改善につなげるヒントになる「データ」は、ECビジネスにおけるファンづくりにおいて重要な意味を持ちます。

　店頭ビジネスに比べて購買データが取得しやすいECビジネスは、データマーケティングを実践しやすい領域とみなされています。しかし、生活者の視点で考えると、企業が生活者のデータを活用することには、ハードルが存在します。

生活者が抱く「データ活用への抵抗」

　ネット利用者の約半数が「正しくデータ活用されないとサービス利用を停止する」と答えた調査結果にもある通り、**生活者も簡単にはデータを提供してくれなくなっています**（図9.3.1）。

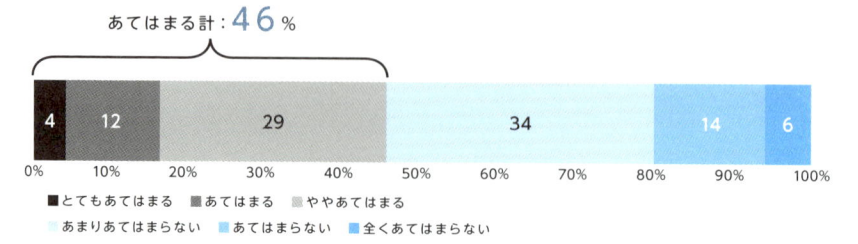

出典：株式会社野村総合研究所「実効性のある通知・同意取得方法の在り方に関する実証事業の報告」を基に作成
https://www.soumu.go.jp/main_content/000744354.pdf

図9.3.1　利用者情報の取扱いを原因としたサービスの利用中止経験

一時期、いくつかの企業が「顧客の身体データを取得する」という目的でサービスを開発したものの、「自分の身体データを企業に差し出すことの抵抗」から生活者への浸透が進まずに撤退・廃止されたケースが散見されました。企業側が想定するよりも生活者は「企業にデータを渡すこと」に抵抗があり、それを解くハードルはかなり高いのです。

「データを預けてもいい」と思う企業

　そんな中で、生活者が「データを預けてもいい」と思う企業とは、どんな企業でしょうか。企業に自分のデータを預けることに値する提供価値は、「自分の生活を便利に、豊かにしてくれる」という期待感であると考えます。

　この期待感を伝え、実際に期待に応え続けていくことが、生活者とデータをやり取りする企業の責任とも言えるでしょう（図9.3.2）。

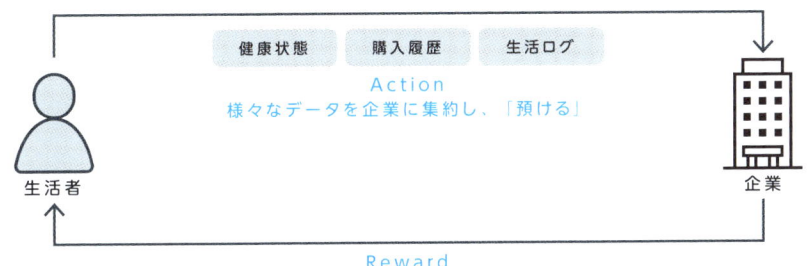

図9.3.2　企業と生活者の「目指すべき関係性」

競争は既に、始まっている

　データを分散的に管理するのは煩雑なため、生活者は「預けたい企業」にデータを集約するようになります。早く「データを預けたい企業」になった企業に、生活者のデータは集まっていきます。

　この状況を踏まえると、競合他社に先行して「生活者がデータを預けたくなる企業」になる必要があります（図9.3.3）。カテゴリにおいて、「データを使って生活者にどう満足してもらうか」という観点で、様々な試みが始まって

います。

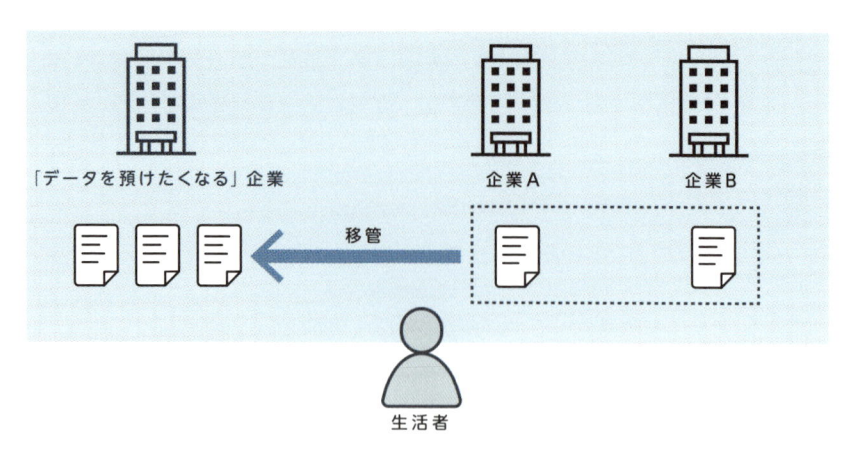

図9.3.3　企業間の「データを巡る競争」

データを活用したファンづくり

　企業は、データを活用することで、生活者に対して「快適さへの感動」と「楽しさへの感動」を提供することができます（**図9.3.4**）。こうした感動の積み重ねによって顧客のロイヤルティが高まり、商品の売買を通じてつながっていた顧客をファンに変えることができます。

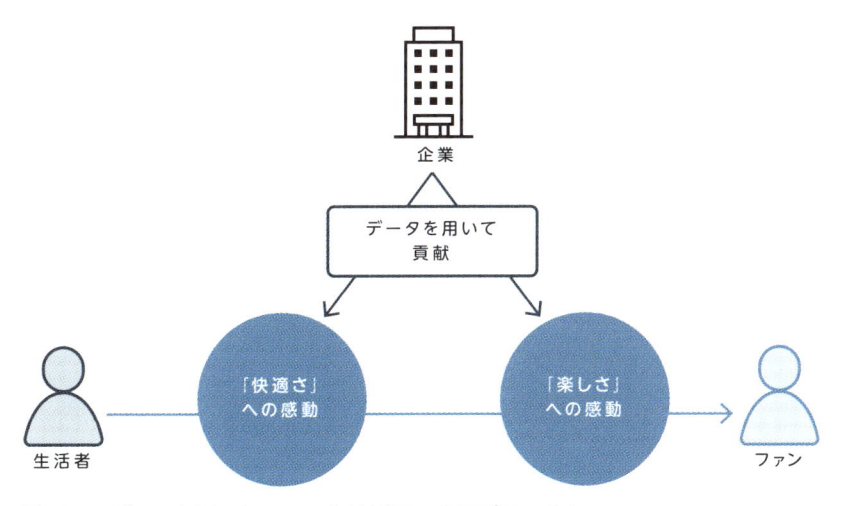

図9.3.4　データを用いたファンづくり「二つのアプローチ」

「快適さ」への感動

　データを用いることで、生活者が感じていた「考える手間」を企業が肩代わりすることができるようになります。日々感じるストレスを軽減することで、生活者に快適さを提供し、ロイヤルティを高めることが可能です。

パーソナライズされた顧客体験

　データ活用により、個々の顧客に合わせてパーソナライズされた体験を提供することが可能になります。過去の購買履歴や閲覧履歴、SNSでの行動パターンを分析し、それに基づいて最適な商品やサービスをレコメンドすることで、顧客は自分にとって必要な情報だけを効率的に得ることができます。このようなパーソナライズされた体験は、顧客に「自分のことを理解してくれている」という感覚を与え、快適さとともにブランドへの信頼を高める効果があります。

　ヘルスケアカテゴリでは、商品のレコメンドだけでなく、献立やおすすめの外食店など、「健康にかかわる生活全体のコンサルティング」にデータを活用

する事例も出てきています。

顧客対応のクオリティアップ

生活者は、商品やECサイトに関する不満をいちいち口にすることはありません。口には出さない生活者の不満を、サイト滞在時間や行動履歴から予測し、FAQやチャットボットによる顧客対応に活かすことも重要です。

例えば、商品の購入プロセスで多くの顧客が途中で離脱していることがデータで明らかになった場合、そのプロセスをシンプルにし、クリック数を減らすなどの改善を行うことが考えられます。顧客がストレスを感じずに目的を達成できるような設計は、ブランドへの好感度を高め、ファンとしての定着を促進します。

データ活用によって生活者のストレスを減らす手伝いをすることで、「**その企業とつながっていれば、特に色々考えなくても幸せになれる**」という信頼を得ることが、ファンになってもらううえで重要な要素となります。

「楽しさ」への感動

生活者の期待を超える「楽しさ」を提供することも、データ活用によって可能になります。例えば、顧客の購買履歴やデモグラフィック情報を踏まえて顧客同士をマッチングし、コミュニティを形成するなど、人間関係の拡張にもつなげることができます。また、顧客のデータを丁寧に分析して開発されたコンテンツや新商品は、顧客の生活を楽しいものに変えるでしょう。

データを預けるメリットをしっかり伝える

生活者がデータを預けたくなるようにするには、「データを預けることで得られるメリット」を「生活者がデータを預けるか検討する前に」提示することが重要です。企業として「データを活用してこういったメリットが提供できる」という活動を見せるのはもちろん、顧客がデータを預けてでも参加したくなるような、魅力的な取り組みを実施することで、自発的に「データを預けたくな

る」という状況を作り出せるのが望ましいです。

　本章では、生活者にECで買い続けてもらうための最終段階である「ファンでい続けてもらう」ための戦術立案についてご紹介しました。EC「から」始めるマーケティングにおいて必要な「経営視点の戦略立案」と「生活者視点の戦術立案」に関するお話は以上となります。

　次章では、今までにご説明した内容を明日から実践できるよう、架空の企業を舞台にしたケーススタディを紹介します。

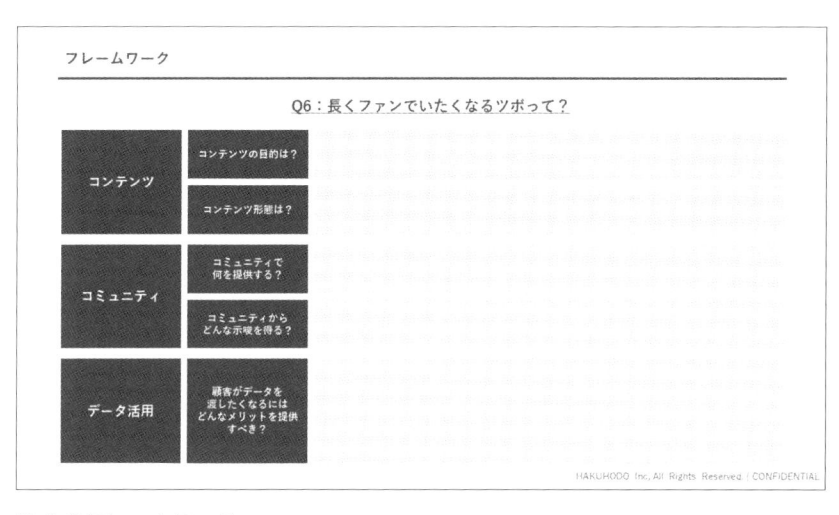

Q.6のフレームワーク

第10章

「六つの問い」を使って
ECビジネスを推進しよう

ここまでEC事業が失敗する五つの理由と成功するための六つの問いについて、各章でご紹介してきました。この章では、実際にあるプロジェクトを例にとって、我々HAKUHODO EC+のメンバーがどのようにECビジネスの戦略を作り、「問い」を立てながら、プロジェクトを推進しているかをお伝えしていきます。

10.1

もしも、あなたがEC事業部のマネージャーになったら?

「六つの問い」を実践するために

ここまで、第4章から第9章において、ECビジネスを成功させるための「六つの問い」について、基本的な考え方と具体的なテクニックを掘り下げてきました。

便宜上、本書では六つの章に分けてご紹介してきましたが、実際のECビジネスでは全ての問いが重要です。それぞれの問いを矢継ぎ早に考えながら、ビジネス全体を設計する必要があります。

そこで、この章では架空の企業をモデルに「現実のECビジネスではどのように問いを活用して、ビジネスを進めていくべきなのか?」を、ロールプレイング形式で紐解いていこうと思います。

ある食品メーカーにおける「ECから始めるマーケティング」

ロールプレイングの舞台となるのは、スーパーやコンビニで様々な麺類商品を展開してきた架空の食品メーカー「ハクホウ食品」です。ハクホウ食品に新設されることとなったEC事業部の責任者・サトウが、HAKUHODO EC+のコンサルタントとともに「ECから始めるマーケティング」を実現しようとする奮闘記を見ていきましょう。

EC事業部、設立

「ECって、何から手を付ければいいんだろう……」

ハクホウ食品で新設されたEC事業部の責任者・サトウは頭を抱えていました。長年、店頭で展開されている商品のブランドマネージャーとして、一線

で活躍してきたサトウにとって、ECビジネスと向き合うのは初めてのことだったのです。

　ここ数年、ハクホウ食品の売上は、新興のD2Cブランドなどにシェアを奪われ、少しずつ減ってきていました。コロナ禍のEC需要の高まりに対応するため、自社ECサイトを急いで立ち上げたものの、店頭展開している商品をカタログのように並べるだけで、マーケティング活動はほとんど行っていませんでした。そんな中、低迷する全社業績の打開策として、新社長が「ECを強化する」という方針を掲げ、EC事業部を新設しました。その責任者にサトウが抜擢されたのです。

　サトウは、自社だけでは補いきれないノウハウと推進力に期待して、HAKUHODO EC+に事業パートナーとしての支援を依頼しました。

プロジェクト、始動

　早速、サトウはHAKUHODO EC+のコンサルタント・アカサカとキックオフミーティングを行いました。

　サトウの最初のミッションは、「新社長にEC事業のビジョンを提出すること」。サトウはアカサカに、「『ECを強化したい』と新社長は言っているのですが、『ECを強化すれば、売上が伸びるに違いない!』というところだけで止まっているんです。正直言って、他の事業部はECビジネスを重視していないので、社内調整も大変そうです……」と、悩みを吐露します。

　この悩みに対し、アカサカは「まずは、ECをなぜ御社がやらなくてはいけないのか? そこから考えていきましょう。売上はもちろんですが、オフラインで一定の売上がある中で、きちんとECの役割を考えていかなければなりません。そうでないと、社内のメンバーを含めて、納得して前に進めないのは当然です。サトウさんが思う御社の課題はなんでしょうか?」と問いかけました。

　これに対してサトウは、長年にわたり様々な商品のブランドマネージャーとして勤務していた経験から、「ターゲットの高齢化」と「それに適応した商品開発のフレームを作れていないこと」が全社における課題だと答えました。

　この回答を受けて、アカサカはこう伝えました。

「EC事業をEC事業だけで完結させるのではなく、EC起点でハクホウ食品の
マーケティング全体に変革をもたらしましょう。例えば、店頭で販売する商品
のブランド戦略をECで得られるデータから導き出すなど、EC事業がハクホ
ウ食品のマーケティングPDCAの司令塔となって、売上を伸ばしていくよう
なビジョンを持つべきではないでしょうか?」

　サトウの中にあった「ECを本当にやるべきなのかな?」というモヤモヤは、
少しずつ晴れていきました。その一方で、「そんなこと、本当にできるの?」と
半信半疑でもありました。

戦略起点のEC事業運営

　サトウは、アカサカと二人三脚で事業計画とビジョンを作成しました。EC
で販売するブランドを絞り、様々な商品を雑多に並べるのではなく、事業の
屋台骨となる「ヒーロー商品」を立たせた商品戦略を採用しました。

　さらに、ECをマーケティングプラットフォームとして活用し、ハクホウ食品全
体のターゲット戦略や販売戦略をアップデートするビジョンを提言しました。

　アカサカは、「ECビジネス以外の領域も俯瞰した『戦略起点の事業戦略』
を練り、事業運営の背骨にすることが、成功の鍵です」とサトウに伝えまし
た。

　「ECは、生活者と深くつながれるチャネルです。ECビジネスで得た果実を
マーケティング戦略全体に活かさないなんてもったいない。EC『から』マー
ケティングを始めましょう」と語るアカサカの目は、真剣そのものでした。

　アカサカが書いた「戦略起点の事業運営を実現するプラニングフレーム」
（図10.1.1）を基に、サトウは事業戦略の設計を進めていきます。

　こうしたビジョンを説明する中で、EC強化に懐疑的だった営業部や商品開
発部などの事業部長たちも徐々に理解を示すようになり、彼らから協力を受
けられるようになりました。こうして、当初は「売上を上げる手段」としてしか
考えられていなかったECチャネルが、社内の多くの期待を受けるようになり、
EC事業部が本格的に動き出しました。

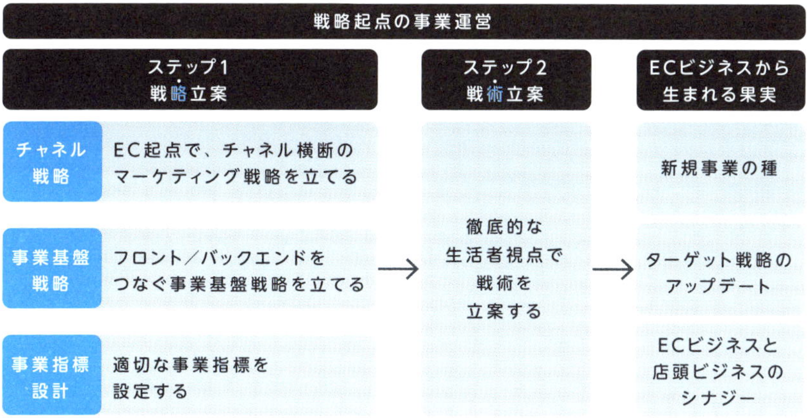

戦略起点の事業運営		
ステップ1 戦略立案	**ステップ2** 戦術立案	**ECビジネスから生まれる果実**
チャネル戦略 EC起点で、チャネル横断のマーケティング戦略を立てる		新規事業の種
事業基盤戦略 フロント/バックエンドをつなぐ事業基盤戦略を立てる	徹底的な生活者視点で戦術を立案する	ターゲット戦略のアップデート
事業指標設計 適切な事業指標を設定する		ECビジネスと店頭ビジネスのシナジー

図10.1.1　戦略起点の事業運営を実現するプラニングフレーム（再掲）

10.2

問いを立てる

多様なバックグラウンドを持つチームが結集

　社内の期待を受けるEC事業部には、多くのメンバーが集められました。社内デジタルマーケティング部や営業部からの異動者や、ECコンサルティング企業、デジタル広告代理店からの転職者など、メンバーのバックグラウンドは多種多様です。サトウは、「戦略起点の事業運営を実現するプラニングフレーム」を事業部のメンバーに共有し、「EC『から』マーケティングを始めよう!」と宣言しました。

　しかし、メンバーはピンと来ていない様子。急に新設部署に集められたEC事業部のメンバーは、経験した業務もECに関する知識量もばらばらです。メンバーの一人から、「具体的に、どう考えればいいですか?」とサトウは問われます。プラニングフレームを実践するための「問い」を設けることをアカサカから提案されたサトウは、図10.2.1のようにプラニングフレームをアップデートしました。

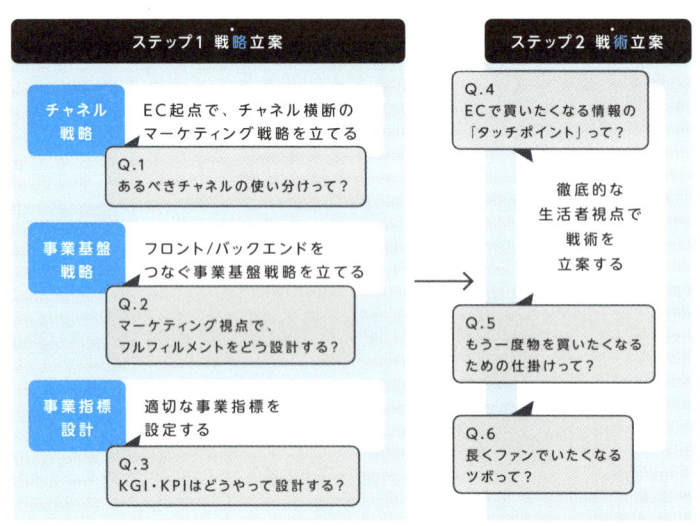

図10.2.1　プラニングフレーム実行に必要な六つの問い（再掲）

Q.1 あるべきチャネルの使い分けって？

　ハクホウ食品は、自社ECサイトのほかにAmazonと楽天市場でも商品を展開しています。「どこで買っても変わらないハクホウ食品ブランド」を目指し、店頭で売れている商品をプッシュし、店頭で訴求しているメッセージを使い回していました。

　アカサカは「ECビジネスと店舗ビジネスを有機的につなぐこと」と「自社ECサイトとECモールを戦略的に使い分けること」を重要論点として挙げ、それぞれのチャネルの役割分担を進めていきます。

　議論の結果、「ECをテストマーケティングの場として活用し、店頭ビジネスに活かす」という方針の下、新商品をまずはECでローンチし、一定の売上をクリアしたら店頭に展開することになりました。

　さらに調査の結果、食品ブランドをECモールで初めて知る人が多いことが判明します。ECモールを「商品を知り、体験してもらうチャネル」として活用することに決め、顧客データを潤沢に入手でき、丁寧なコミュニケーションが可能な自社ECサイトを「顧客とのつながりを強化するチャネル」として定義しました（図10.2.2）。

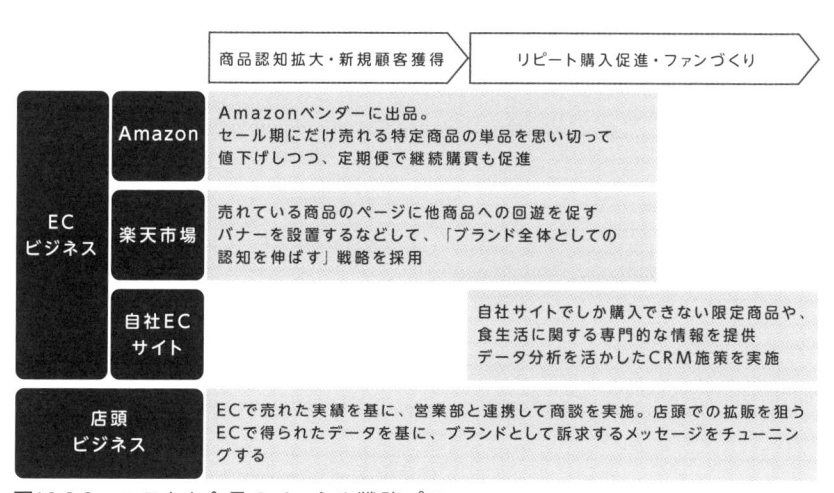

図10.2.2　ハクホウ食品のチャネル戦略プラン

Q.2 マーケティング視点で、フルフィルメントをどう設計する?

　チャネル戦略を整理したのち、サトウは事業基盤戦略の策定に移ります。新システムの導入を検討することになったサトウは、「この領域は専門家に任せた方がいいですよね? システム部門にお願いしようかと思います」と、アカサカに確認しました。そこで、アカサカはサトウに問いかけます。

　「マーケティング目線で、フルフィルメントをどう考えていますか? 導入したシステムを使うのはサトウさんたちになりますよ?」

　アカサカは、「フルフィルメントは、事業運営に必要なタスクや機能の『最終ランナー』ではなく、全体の足元を支える『陸上トラック』のような役割（図10.2.3）を担っています」と語り、顧客満足度を左右するフルフィルメントに、マーケターの視点を導入することをサトウに進言します。

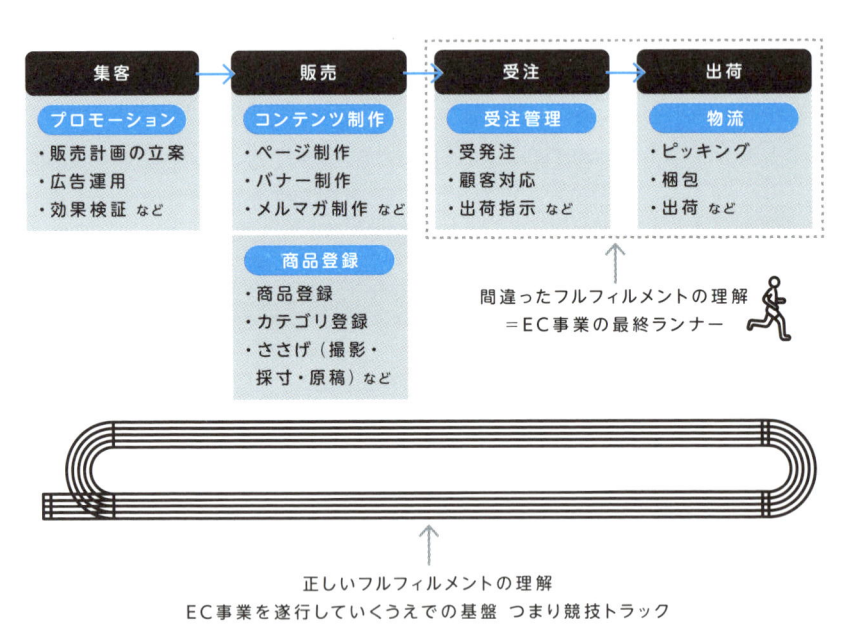

図10.2.3　フルフィルメントの役割（再掲）

　サトウは、EC事業部のメンバーを集め、「ECサービスを利用して困ったこと・うれしかったこと」をホワイトボードに書き出していきました。

それを、社長に提出した事業のコアビジョンと照らし合わせていくと、実施すべき顧客分析や、実現すべき顧客体験が明らかになっていきました。サトウとアカサカは、「顧客にとって使いやすい自社ECサイト」を実現するために必要なシステム要件をまとめて、システム部門の担当者と議論を重ねていきました。システム部門の「コストを考えるとこうすべきだ」という意見に対し、「顧客のために、この条件は譲れない」と粘り強く対応することで、事業のビジョンを踏まえたシステム設計を実現することができました。

さらに、商品箱のデザイン選びやコールセンターでの対応など、各所を回って調整を進めていき、サトウは事業基盤戦略を固めていきました。

Q.3 KGI・KPIはどうやって設計する?

続いて、サトウは事業指標の設計に着手します。目標売上はEC事業部を立ち上げた段階で決まっていますが、そのための投資を含めた事業計画とKPI設定が必要となります。サトウは、ブランドマネージャー時代の経験を基に、1年目から営業利益を生み続ける「垂直立ち上げ型」の事業計画を描きました。しかし、アカサカはこれに待ったをかけます。

アカサカは、ECビジネスに関わる費用構造を解説し、「ECビジネスは、初年度から売上と利益を垂直に立ち上げるビジネスモデルではなく、徐々に成長していく初期投資型モデルです」と説明し、「初年度は場合によっては利益がほとんど出ない『種まきの時期』と捉えましょう」と提言します。

アカサカは、自分自身が把握しているECビジネスにおけるデジタルマーケティングの数値感覚と、サトウが持つ「このペースでシェアを伸ばせる」という市場感覚をすり合わせながら、現実的な事業計画を作っていきます。

最終的に、次の三つのパターンのシミュレーションを作成し、サトウに提出しました（**図10.2.4**）。

・想定できる範囲で最も可能性が高いと思われる前提の「ベースシナリオ」
・想定可能な下振れリスクを加味した「悲観シナリオ」
・顧客獲得やリテンション活動が成功する前提で作った「楽観シナリオ」

どのシナリオを経営層に提示するか悩むサトウに、アカサカは「最終的にどのシナリオをおすすめにするかは、『どんな事業にしたいか』という意志で決めていいと思います」と伝えます。

　サトウは、EC事業部のメンバーとも議論を重ね、「初期投資として3年間の赤字は飲み込むが、のちに利益を生んでいく事業シミュレーション」を提出し、経営層の承認を得ることができました。

3年目の状態		要因
楽観シナリオ	営業利益率 10％達成 売上10億円	客単価・平均購入単価がKPI＋10％で推移 新規獲得CPAが悪化するものの、ＸＸＸ円以下に収めることに成功 フルフィルメント設計の見直しによるコスト削減も順調に推移したと想定
ベースシナリオ	営業利益ベースで 黒字化達成 売上8億円	客単価・平均購入単価がKPI＋5％で推移 新規獲得CPAがＹＹＹ円まで悪化
悲観シナリオ	営業利益率 －5％で着地 売上5億円	客単価・平均購入単価がKPI－10％で推移 新規獲得CPAがＺＺＺ円まで悪化

図10.2.4　シミュレーションの分岐例（再掲）

徹底的な生活者視点で、戦術を立案する

　戦略立案の目途が付いたのも束の間、事業売上を伸ばすための戦術の検討に追われる日々が訪れます。アカサカから「戦術立案においては、『生活者視点に立てているか？』と自問自答し続けることが重要です」と聞いていたサトウは、「戦略起点の事業運営を実現するプラニングフレーム」を見ながら、EC事業部のメンバーと「問い」を交わし合って議論を重ねていきます（図10.2.5）。

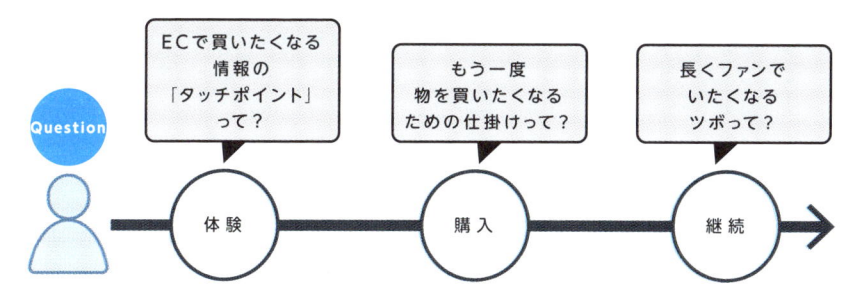

図10.2.5　戦術立案のための「問い」（再掲）

Q.4 ECで買いたくなる情報の「タッチポイント」って？

　さらなるEC事業の拡大を実現するために、ECオリジナルの新商品を開発することになりました。上申した事業計画では、テレビCMで一気に認知を拡大し、デジタル広告で顧客の購入を促すメディアプランを想定していました。

　しかし、このタイミングで原材料高の影響があり、初年度の宣伝費が予定より2割カットされることになってしまいます。元々のメディアプランをそのまま実行してしまうと、認知が足りない状態で刈り取り型の広告が乱発されることになり、全体的な獲得効率が落ち込んでしまう可能性があります。

　そこでサトウとアカサカは、決断します。

　「思い切って、ブランドの作り方を変えてみましょう」

　それは、「SNS起点で商品を設計し、ECモールをタッチポイントとして活用する」というものです（図10.2.6）。

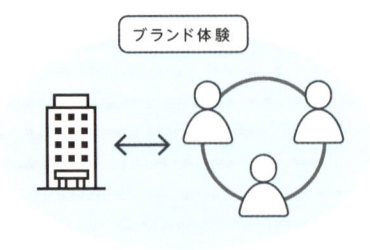
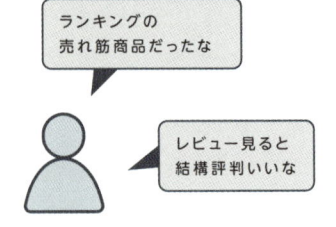

| SNS：商品開発の源泉 | ECモール：認知拡大の武器 |

ブランド体験

ランキングの
売れ筋商品だったな

レビュー見ると
結構評判いいな

SNSを通じて得られる顧客の「生声」から、商品を開発。ブランド体験を設計する

ECモールでのカテゴリランキング上位獲得・レビュー充実による購入意向向上

図10.2.6　ECオリジナル商品の広告戦略

　SNS上での顧客との意見交換の中で、顧客が「自分でアレンジしながら楽しめる食事体験」を求めていることがわかりました。その示唆を基に、サトウは複数種類のソースによってカスタマイズできる商品を開発することに決めます。アレンジレシピをSNSで積極的に発信しつつ、ECモールでの広告投資を行い、カテゴリランキングで1位を獲得することに注力しました。

　その結果、新商品をアレンジする生活者のレシピ投稿が増え、SNSをきっかけに人気に火が付きました。気になってECモールを覗いた生活者は、充実した商品レビューに安心して購入でき、SNSでの人気を売上につなげることができました。

Q.5　もう一度物を買いたくなるための仕掛けって？

　SNSをきっかけに新商品が「爆売れ」した3カ月後。サトウは、浮かない顔をしています。自社ECサイトにおける新商品売上が伸び悩んでいるのです。

　チャネル戦略を基に、「自社ECサイトで、顧客にリピート購入してもらう」という狙いを持ってリテンション活動を行ってきましたが、思うようにリピート率が伸びていませんでした。

　サトウから相談を受けたアカサカは、顧客にアンケートを取ります。

アンケートの結果、次の2点が課題であることが判明しました。

・メールマガジンに関心を持てないこと
・ロイヤルティプログラムに魅力を感じないこと

　アカサカは、「リピート購入してくれた顧客」と「2回目の購入に至らなかった顧客」の比較分析や、リピート購入してくれた顧客へのインタビューを実施し、リテンション活動を見直すことをサトウに提案しました。

　サトウとアカサカは、ただ商品購入に使えるポイントを与えるのではなく、提携飲食店で使えるクーポンや、購入している商品に適した調理器具のプレゼントなど、「顧客が本当に求めている体験」を提供するロイヤルティプログラムを設計しました。さらに、ニーズに応じたセグメント別にメールマガジンを配信することで、リピート率はみるみるうちに回復していきました。

Q.6　長くファンでいたくなるツボって？

　リピート率向上施策と向き合う中で、サトウは「もっとお客さんに寄り添ったブランドにしたい」という想いを抱くようになります。リピート購入してくれた顧客の声を思い出しながら、新商品の良さやハクホウ食品の想いを記したコンテンツを、オウンドサイト上で配信しました。アカサカが集めたコンテンツの成功事例を参考に、「顧客に伝えたいこと」に偏りすぎず、「顧客が見たいコンテンツ」を作ることを心がけました。

　サトウは、社外の専門家の知見を取り入れることに決め、アカサカのツテをたどって雑誌媒体やインフルエンサーなどにコンテンツ執筆を依頼する「編集部体制」を築きました（図10.2.7）。

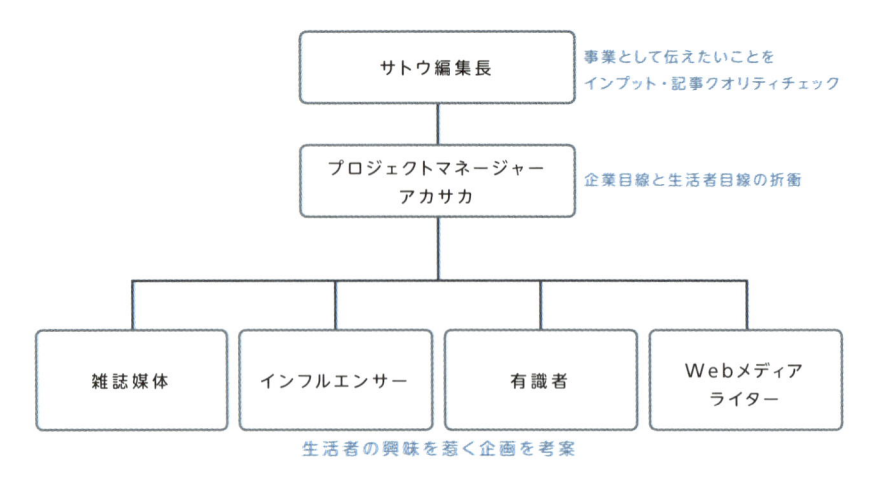

図10.2.7　ハクホウ食品 コンテンツ編集部体制

　多様なコンテンツをきっかけに、新商品以外の認知度も上がり、複数ブランドを購入する顧客の比率も次第に上がっていきました。新商品に興味を持ってハクホウ食品のECサイトを訪れた顧客が、コンテンツを通じてハクホウ食品の商品全体とつながりを持つことができたのです。

　ECオリジナル商品のヒットを、他商品にも波及させることに成功したハクホウ食品のEC事業部は、初年度の売上目標を達成することができました。

初年度の成功。その後の挑戦

　初年度の事業計画を達成したことで、社内の風向きも変わってきました。

　サトウは、ECチャネルのマーケティングプラットフォーム化を進めるために、データを活用することを決意します。

　データ部門から様々なデータを取り寄せ、新たな分析ツールを導入しようとしますが、徐々にサトウは混乱してきました。

　「**どのデータを、どこまで細かく見ればいいのかわからない……**」

　その悩みを聞いたアカサカは、サトウに「データを、ファンづくりのために使うこと」を提案します（**図10.2.8**）。

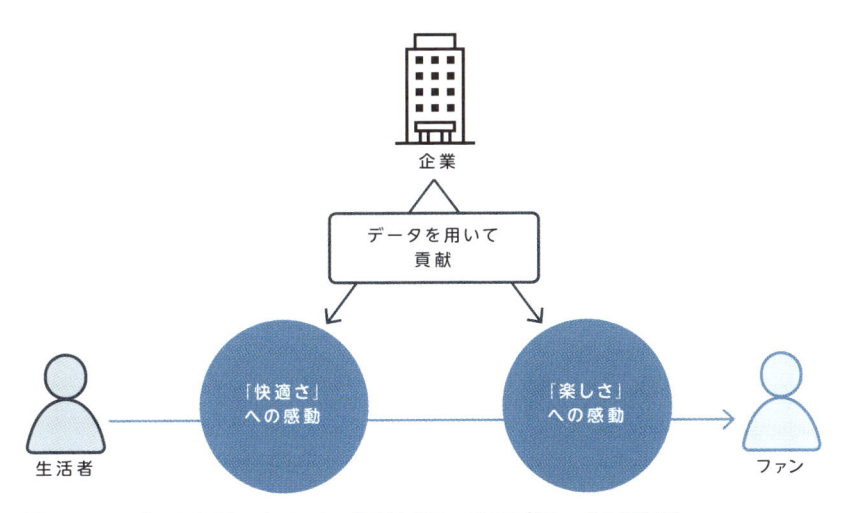

図10.2.8　データを用いたファンづくり「二つのアプローチ」（再掲）

　「顧客に最高の体験を届けるために、どんなデータが必要か」という軸に従い、サトウは活用すべきデータの優先順位を組み立てていきました。「顧客にどんなメリットを提示すれば、データを提供してくれるか?」という視点を基に、事業基盤戦略のときに話し合ったシステム部門のメンバーのアドバイスも受けながら、データを用いたファンづくり施策を次々と考案していきました。

　そんなサトウのもとに、経営層から「店頭で売れる新カテゴリの創出をEC起点で行ってほしい」という依頼が届きます。

　サトウたちハクホウ食品の、EC「から」始めるマーケティングは、まだ始まったばかりです。

事例を振り返って

　皆さま、いかがだったでしょうか? もしあなたがサトウ氏だったら、最初の一歩をどう踏み出すかで悩むかもしれません。

　日本のEC化率は、著しい速度で上がりました。そのため、サトウ氏のように、「マーケティングや営業経験が豊富でも、ECビジネスに触れるのは初め

て」という方が多いのが実情です。

　事例の中でアカサカ氏も言っていましたが、「EC起点で事業設計を行うこと」がなにより大切です。

　改めてこの章を読み終えた後、各章をもう一度だけ読んでいただけると、より実践がしやすいかと思います。

　各章の最後に入っているフレームワークを活用して、「問い」を立てながら事業を進めていただければ幸いです。

おわりに

　本書では、ECビジネスやECを起点としたマーケティング戦略の立案、事業変革について、「失敗するポイント」と「成功するための秘訣」を徹底的に考察してきました。HAKUHODO EC＋独自のメソッドやノウハウを豊富に盛り込み、これまであまり外に出してこなかった知見をお伝えできたことを大変うれしく思っています。今後、実務に照らし合わせて読み返していただくことで、皆さまの理解が一層深まり、本書が実践面で貢献できることを願っています。

　ここで改めて、コロナ禍前後での私たちの購買行動の変化を振り返ってみたいと思います。コロナ禍を経験して、私たちは「技術の進化」が「生活の革新」をもたらすことを実感しました。オンライン会議システムは、会議の在り方を変えただけでなく、働き方や暮らし方にも革新をもたらしました。その結果、時間と場所の制約がなくなり、より自分らしい生き方を選べるようになりました。ECの利用率もこの期間に大きく伸長しました。

　一方、コロナ禍後はリアル空間の価値が再認識され、リアルな場とデジタル空間・ECをシームレスに使いこなす生活者が増えてきました。「Commerce Anywhere」の時代が到来し、生活者の購買行動は、いつでもどこでも無意識につながり、生活のあらゆるシーンで買い物をすることが可能になりました。

　今後のECの進化についても考えてみたいと思います。あと数年で、生成AIを活用した対話やリコメンデーション機能、AR（拡張現実）を活用した体験機能、ライブコマース機能などが実装されるでしょう。また、「映画コンテンツをTVで見て、シーンの中で使われている商品が気に入ったら、ボタン一つでECサイトに画面が変わる」といった体験も、近い将来実現することが期待されます。ECを活用することで、生活者は効率的に、かつ購買プロセスを楽しみながら商品やサービスを選ぶことができるようになります。このようにECは、商品やサービスに加えてコンテンツ、リコメンデーション、口コミ、

ARなどによる擬似体験が凝縮された、需要創造に向けた場として捉えることができます。さらに、ECが蓄積した生活者のレスポンスデータは、購買行動につながるアクションを導出するための「マーケティング基盤」としての役割を果たすでしょう。

このようなECの進化に伴い、マーケティングの在り方も変わっていきます。既に、従来の「認知から購入まで」のシンプルなマーケティングファネルの概念が崩れつつあります。「認知した瞬間に購入を決定する」や、「お試しで購入してから情報を収集し、そのブランドが好きになっていく」といった動きが見られます。このようなマーケティングの変化に対応するためには、まさに「ECを起点として、マーケティングや事業全体を考えていく」ことが必要です。

重要なのは、私たち博報堂・HAKUHODO EC+が提唱する「生活者発想」です。生活者を単なる「消費者」として捉えるのではなく、生活全体を包括的に考え、どのように企業のサービスや商品が生活者に価値を提供できるかを考えることが求められます。ECに蓄積された生活者データを分析し、「生活者がどんなコンテンツや情報、誰のどんなリコメンデーションに触れ、どの商品を買っているのか?」を把握することが重要です。また、「ECでの買われ方のパターンをオフラインのチャネルに広げることが可能か?」を考え、生活者の価値観や暮らしに基づいて、どのような情報を付加するとオフラインでの購入につながるのかを検討する必要があります。

このように「生活者発想」を組み込みながら、ECを起点にマーケティング全体を考えることが事業成功の鍵となります。ECは単なる出口やチャネルの一つではなく、事業全体の入り口、起点となるのです。

ECをはじめとするコマースの在り方は日々進化しており、そのペースは加速しています。新たな技術の導入により、コマースの形は変わり続けることでしょう。しかし、どのような変化が訪れようとも、私たちが忘れてはならないのは「生活者発想」です。生活者がどのように情報を受け取り、どのように商品を選び、どのような体験を望んでいるのかを常に意識し続けることが成

功への鍵となります。

　本書が、皆さまのECビジネスにとっての道標となり、新たなアイデアやインスピレーションを提供する一助となれば幸いです。私たちの提唱するアプローチやメソッドが、皆さまのビジネスにおいて実現可能な戦略となることを願っています。

　最後に、この本を執筆するにあたり、多くの方々のご協力をいただきました。お忙しい中、貴重な知見や経験を共有してくださった皆さまに心より感謝申し上げます。また、ここまで読んでいただいた皆さまにも、心から感謝の意を表します。本書が、皆さまのECビジネスとECを起点とした事業全体の成功に少しでも寄与できること、そして、皆さまがこの変化の時代を乗り越え、さらなる成功を収められることを心より祈念しております。ありがとうございました。

2025年2月　執筆陣一同

索引

著者プロフィール

HAKUHODO EC+（ハクホウドウ イーシープラス）

博報堂DYグループ内各社および協力会社のナレッジやスキルを集約し、ECを起点とした企業の様々な価値創造DXの推進をワンストップでサポートするために、EC領域に特化した博報堂DYグループ横断型プロジェクト。

新しいコマース、新しいECの可能性をいち早くキャッチし、市場分析・課題発見・戦略構想からシステム開発・ECサイト構築、実装・集客・CRM、さらにはフルフィルメントやコンタクトセンターなどの運用にいたるまで、あらゆるバリューチェーンにおいて企業のマーケティングDX・事業成長をフルファネルで支援。

執筆陣プロフィール

桑嶋 剛史（くわじま たけし）

HAKUHODO EC+　ビジネスコンサルタント／地域DXソリューションリーダー

博報堂　コマースコンサルティング局コマースDX推進グループ
イノベーションプラニングディレクター

通販事業の運営チームを経て、博報堂のEC支援チーム（現HAKUHODO EC+）の旗揚げに参画。米国Kepler社への短期出向を経て、現職。ECだけでなく、コマース領域全体の事業立ち上げ・改善を得意とする。地方創生DXチームのリーダーも兼任。大学講師や、記事・書籍の執筆なども担当している。

澤田 航太（さわだ こうた）

HAKUHODO EC+　コンサルタント

博報堂　コマースコンサルティング局コマースDX推進グループ
マーケティングプラニングディレクター

2017年に博報堂に入社。営業・メディアプラナーを経て現職。EC事業の中長期戦略策定・D2Cブランド立ち上げ・ECチャネル戦略策定など、ECを起点として事業プラニングを担当。

青木 雅人（あおき まさと）

株式会社博報堂　常務執行役員　コマースデザイン事業ユニット長

1989年博報堂入社。入社以来、マーケティング・ブランディング・買物行動研究・データ&デジタルマーケティング領域の研究開発業務に従事。買物研究所所長、研究開発局長、HAKUHODO DX_UNITED担当役員を経て、2024年より現職。

奥山 貴弘（おくやま たかひろ）

HAKUHODO EC+　リーダー

博報堂　コマースコンサルティング局　局長補佐

2004年博報堂中途入社。大手通信会社を中心に長らく営業職を担当し、2019年より現職。EC領域に特化した組織横断型プロジェクトチームである「HAKUHODO EC+」をリーダーとして推進。

隈田原 幸大（くまたばら ゆきひろ）

HAKUHODO EC+
博報堂　CRM&システムコンサルティング局　システム推進グループ
CRMコンサルタント
2013年博報堂中途入社。インタラクティブディレクターとしてマーケティング戦略立案、クリエイティブ企画・制作に従事。2019年に博報堂を一時卒業し、グローバルSaaS企業に入社。各社様のCRM領域でのDX化支援を経験。2022年より現職に復帰し、クリエイティブ、システム両面からのマーケティング支援を担当。

島田 典明（しまだ のりあき）

HAKUHODO EC+　コンサルタント
博報堂　コマースコンサルティング局コマースDX推進グループ
マーケティングプラニングディレクター
新卒で大手食品メーカーに入社し、D2Cビジネスの立ち上げを経験。その後、外資系食品メーカーのECマーケターとしてCRM領域におけるデータ分析・マーケティングプラニングに従事。2022年に博報堂に入社し、主にEC事業の戦略策定やD2Cビジネスの立ち上げを担当。

福井 健史（ふくい たけし）

HAKUHODO EC+
博報堂　エクスペリエンスクリエイティブ局
クリエイティブディレクター
2008年博報堂入社。メディアや手法にとらわれないブランドコミュニケーション・クリエイティブ開発に従事。近年は、コマース領域を起点にした企画開発を提唱、「コマース・クリエイティブ」プロジェクトを推進している。受賞歴に、ACC金賞、ADFEST金賞、SPIKES ASIA、新聞広告賞大賞、グッドデザイン賞など。

毛利 崇之（もうり たかゆき）

HAKUHODO EC+
Hakuhodo DY ONE　ECマーケティング本部　副本部長
2008年デジタル・アドバタイジング・コンソーシアム（DAC）新卒入社。Web広告枠の営業、運用型広告のトレーディングデスク業務等を経て、2018年にEC領域の出品メーカー事業主に対するコンサルティングチームを立ち上げる。2022年からは複数のECプラットフォーム横断でメーカー事業主の抱える課題を解決する現組織の運営に従事し、対外的にはCROSS COMMERCE Studioというブランド名でサービスを提供。

矢野 裕（やの ゆたか）

HAKUHODO EC+
博報堂プロダクツ　コマーステクノロジー事業本部　部長
ダイレクト・ECビジネスのプロデューサー。マーケティングコミュニケーション領域に留まらず、事業計画やデータ分析といったコンサルティング領域、コンタクトセンター、システム、物流といったフルフィルメント領域、BI/MA/CDPといったデジタル領域など、川上から川下まで幅広い領域でのプロデュースおよびプロジェクトマネジメント経験が強み。

図表・イラストプロデュース：博報堂プロダクツ 田辺洋一（たなべ よういち）